公共体育服务合同外包中政府责任及其实现机制

李燕领 柳 畅 牛瑞新 著

苏州大学出版社

图书在版编目（CIP）数据

公共体育服务合同外包中政府责任及其实现机制／李燕领，柳畅，牛瑞新著．—苏州：苏州大学出版社，2021.3
　　ISBN 978-7-5672-3488-8

Ⅰ．①公… Ⅱ．①李… ②柳… ③牛… Ⅲ．①群众体育—公共服务—合同承包—对外承包—政府职能—研究—中国 Ⅳ．①G812.4

中国版本图书馆 CIP 数据核字（2021）第 043191 号

书　　　名：	公共体育服务合同外包中政府责任及其实现机制
著　　　者：	李燕领　柳　畅　牛瑞新
责任编辑：	施小占
助理编辑：	曹晓晴
装帧设计：	刘　俊
出版发行：	苏州大学出版社（Soochow University Press）
社　　　址：	苏州市十梓街1号　邮编：215006
印　　　装：	镇江文苑制版印刷有限责任公司
网　　　址：	www.sudapress.com
邮购热线：	0512-67480030
销售热线：	0512-67481020
开　　　本：	787 mm×960 mm　1/16
印　　　张：	12.5
字　　　数：	202 千
版　　　次：	2021 年 3 月第 1 版
印　　　次：	2021 年 3 月第 1 次印刷
书　　　号：	ISBN 978-7-5672-3488-8
定　　　价：	45.00 元

图书若有印装错误，本社负责调换
苏州大学出版社营销部：电话：0512-67481020
苏州大学出版社网址：http://www.sudapress.com
苏州大学出版社邮箱：sdcbs@suda.edu.cn

序

随着我国市场化改革的推进,公共体育服务供给方式的改革成为推动我国体育事业发展的关键环节,而公共体育服务合同外包方式逐渐成为重要的选择。《体育强国建设纲要》指出,要坚持以人为本、改革创新、依法治体、协同联动,持续提升体育发展的质量和效益,大力推动全民健身与全民健康深度融合,更好发挥举国体制与市场机制相结合的重要作用。新时代的政府在公共体育服务合同外包中扮演了新的角色,其职责重心也发生了转移,需要根据市场化规律,将部分可行的公共体育服务生产职能,通过市场竞争机制,以合同为载体,交由相关私人部门或非营利组织承担,相关政府部门按照合同条款支付给承包者相应的费用,并对公共体育服务供给的质量与绩效进行评估。

《公共体育服务合同外包中政府责任及其实现机制》首先阐释了公共体育服务合同外包中政府责任的概念,明确了公共体育服务合同外包与相关概念的逻辑关系,丰富了公共体育服务合同外包的理论成果,并通过对公共体育服务合同外包的三种运作模式进行案例分析,在实践分析层面有所突破。其次,从多角度分析我国公共体育服务合同外包中政府责任的来源和政府的角色定位,有利于把握政府在公共体育服务合同外包中的职责边界,使政府责任变得有迹可循。再次,基于国外开展公共体育服务合同外包的经验,从履行责任和监控责任两个层面构建公共体育服务合同外包中政府责任的实现机制,有利于促进公共体育服务合同外包的健康发展。最后,依托苏州市公共体育服务合同外包实践案例,诊断现状、剖析问题并提出对策,以推动和完善政府责任的实现机制,为我国公共体育服务合同外包的规范化发展提供现实依据。

《公共体育服务合同外包中政府责任及其实现机制》系统探讨了公共体

育服务合同外包中政府责任及其实现机制等问题，为推动政府公共体育服务治理能力现代化提出了一系列可行性建议。期待李燕领教授的研究团队秉承一贯的钻研精神，在公共体育服务领域硕果累累，为改革实践建言献策，积极助推我国体育事业高质量发展，为早日实现体育强国建设目标贡献力量。

是为序。

国务院学位委员会第五、六、七届体育学科评议组成员
中国体育科学学会体育社会科学分会副主任委员

2020年10月1日
苏州大学凌云楼

引 言

2020年国务院《政府工作报告》提出,要深化供给侧结构性改革,突出民生导向。现阶段,面对人民群众日益增长的多元化公共体育服务需求,公共体育服务合同外包成为政府提供公共体育服务的方式之一。目前,我国公共体育服务合同外包中出现了政府责任划分不清、难以落实等一系列问题,而进一步明确政府在公共体育服务合同外包中的责任是推动公共体育服务合同外包科学健康发展的内在要求。本书以对公共体育服务合同外包、公共体育服务合同外包中的政府责任等核心概念的界定为研究的基本逻辑起点,运用文献资料法、个案研究法、比较分析法、访谈法、逻辑分析法等研究方法,对公共体育服务合同外包中政府责任的发展现状进行了较为深入的探析。通过理论分析进一步明确了政府在公共体育服务合同外包中的责任来源、所应承担的角色及职责,并结合苏州市公共体育服务合同外包的发展情况,从理论与实践两个层面揭示了公共体育服务合同外包中政府责任缺失问题及其成因。依托委托代理理论、合同治理理论、新公共服务理论等相关理论,借鉴国外公共体育服务合同外包经验,明确了公共体育服务合同外包中的政府责任,构建了公共体育服务合同外包中政府责任的实现机制,以期为促进我国公共体育服务合同外包的规范化和科学化发展提供思路。通过上述研究,本书得到以下结论:

(1)公共体育服务合同外包中的政府责任是指政府有义务及时、积极、有效地回应公民对公共体育服务的需求,通过合同外包的方式为公民提供低成本、高质高效、公正公平的公共体育服务,在公共体育服务合同外包过程中,政府如果没有按照合同规定依法履行,或履行不好所承担的职责,就要按照相关规定承担相应的法律责任。

(2)现阶段,我国公共体育服务合同外包的运作模式主要包括竞争模式、谈判模式和体制内外包模式三种，竞争模式是提升服务质量、提高生产效率、转变政府职能、深化公共体育服务改革的最佳模式。

（3）由于我国仍存在配套法律与政策不完善、合同外包范围有限、外包行为内部化、监管力度不够和绩效评估体系尚不成熟等问题，公共体育服务合同外包竞争模式在我国很难进行普及性推广。

（4）为了进一步推广竞争模式、规范谈判模式和体制内外包模式的运作，必须尽快出台公共体育服务合同外包相关法律与政策、重视培育公共体育服务供方市场、建立公平合理的招投标机制、完善公共体育服务合同外包监管机制、加强公共体育服务合同外包绩效评估体系建设，这也是现阶段我国推动公共体育服务改革、转变政府职能、增加公共体育服务供给方式的必由之路。

（5）在公共体育服务合同外包中，政府承担着目标责任、决策责任、财政责任、监管责任、培养责任和担保责任等一系列责任。只有明确公共体育服务合同外包中政府的责任所在，政府才能履行其具体责任，推动公共体育服务合同外包事业健康发展。

（6）我国公共体育服务合同外包发展还处于初级阶段，其中政府责任方面仍存在较多问题，政府的目标责任发生偏移、公共体育服务合同外包运行机制不完善、政府问责机制缺失等问题，均阻碍着公共体育服务合同外包中政府责任的实现，其原因包括公共体育服务合同外包相关法律制度不健全、政府角色定位不准确、政府公共体育服务合同外包能力不足等。

（7）美国、英国、日本三国构建公共体育服务合同外包中政府责任实现机制的相关经验表明，出台相关法律文件来规范公共体育服务合同外包相关主体的行为，并且让政府部门也作为承接主体参与公共体育服务合同外包，能够有效保障公共体育服务合同外包的顺利进行。

（8）构建公共体育服务合同外包中政府责任的实现机制成为规范政府责任的现实选择。一方面，采用合同治理和关系治理两种方式，建立公共体育服务合同外包中政府履行责任的实现机制；另一方面，从整个责任监控流程出发，将公共体育服务合同外包中政府责任监控过程划分为责任监督、责任考核和责任追究三个阶段，建立公共体育服务合同外包中政府监控责任的实现机制。

目录

第一章 绪 论 / 001

第一节 研究背景 / 001
一、建立公共体育服务型政府的"必需品" / 001
二、深化公共体育服务供给侧改革的"突破口" / 002
三、完善公共体育服务合同外包治理体系 / 002
四、公共体育服务合同外包中存在风险和壁垒 / 003

第二节 研究意义 / 004
一、理论意义 / 004
二、实践意义 / 005

第三节 文献综述 / 005
一、国外相关内容的研究综述 / 005
二、国内相关内容的研究综述 / 007
三、国内外研究述评 / 016

第四节 研究思路与研究方法 / 016
一、研究思路 / 016
二、研究方法 / 017

第五节 研究内容与框架 / 018
一、公共体育服务合同外包相关理论阐释 / 018
二、我国公共体育服务合同外包中的政府责任研究 / 019
三、我国公共体育服务合同外包的有效运作模式分析 / 019

四、国外公共体育服务合同外包中政府责任的经验借鉴 / 019

五、公共体育服务合同外包中政府责任的实现机制研究 / 019

六、我国公共体育服务合同外包中政府责任的实现机制
实践分析 / 020

本章小结 / 020

第二章 公共体育服务合同外包相关理论阐释 / 021

第一节 公共体育服务合同外包核心概念界定 / 021

一、关于公共体育服务的概念 / 021

二、关于公共体育服务外包的概念 / 023

三、关于公共体育服务合同外包的概念 / 025

四、关于公共体育服务合同外包中政府责任的概念 / 026

第二节 公共体育服务合同外包与相关概念之间的逻辑关系 / 027

一、公共体育服务外包与公共体育服务合同外包之间的
逻辑关系 / 028

二、政府购买公共体育服务与公共体育服务合同外包之间
的逻辑关系 / 029

第三节 本书的相关理论依据 / 032

一、新公共管理理论 / 032

二、新公共服务理论 / 032

三、合同治理理论 / 032

四、委托代理理论 / 033

本章小结 / 033

第三章 我国公共体育服务合同外包中的政府责任研究 / 034

第一节 我国公共体育服务合同外包中政府责任的来源 / 034

一、法律制度 / 034

二、政府自身 / 035

三、合同约束力 / 036

第二节 我国公共体育服务合同外包中政府角色的定位 / 037
　　一、合同主体 / 037
　　二、间接提供者 / 037
　　三、决策者 / 038
　　四、服务购买者 / 038
　　五、合同监管者 / 039

第三节 我国公共体育服务合同外包中政府的具体责任 / 039
　　一、目标责任 / 039
　　二、决策责任 / 042
　　三、财政责任 / 043
　　四、监管责任 / 044
　　五、培养责任 / 046
　　六、担保责任 / 047

本章小结 / 050

第四章　我国公共体育服务合同外包的有效运作模式分析 / 051

第一节 公共体育服务合同外包的运作模式与流程 / 052
　　一、公共体育服务合同外包的三种运作模式 / 052
　　二、公共体育服务合同外包的运作流程 / 054

第二节 我国公共体育服务合同外包有效运作模式案例分析 / 056
　　一、竞争模式 / 056
　　二、谈判模式 / 065
　　三、体制内外包模式 / 070

第三节 我国公共体育服务合同外包运作问题分析 / 076
　　一、缺乏完善的公共体育服务合同外包法律制度 / 077
　　二、公共体育服务合同外包的内容范围有限 / 078
　　三、公共体育服务合同外包行为内部化 / 078

本章小结 / 082

第五章　国外公共体育服务合同外包中政府责任的经验借鉴 / 083

第一节　美国公共体育服务合同外包的经验借鉴 / 084
一、美国公共体育服务合同外包的发展历程 / 084
二、美国公共体育服务供给主体及其分工 / 087
三、美国公共体育服务合同外包的参与主体及政府责任 / 089

第二节　英国公共体育服务合同外包的经验借鉴 / 093
一、英国公共体育服务合同外包的发展历程 / 093
二、英国公共体育服务供给主体及其分工 / 098
三、英国公共体育服务合同外包的参与主体及政府责任 / 100

第三节　日本公共体育服务合同外包的经验借鉴 / 107
一、日本公共体育服务合同外包的发展历程 / 107
二、日本公共体育服务供给主体及其分工 / 111
三、日本公共体育服务合同外包的参与主体及政府责任 / 113

第四节　国外公共体育服务合同外包中政府责任的经验启示 / 117

本章小结 / 118

第六章　公共体育服务合同外包中政府责任的实现机制研究 / 119

第一节　公共体育服务合同外包中政府履行责任的实现机制 / 119
一、激励机制 / 120
二、信任机制 / 121
三、声誉机制 / 122

第二节　公共体育服务合同外包中政府责任监控的实现机制 / 123
一、责任监督机制 / 123
二、责任考核机制 / 124
三、责任追究机制 / 124

本章小结 / 125

第七章　我国公共体育服务合同外包中政府责任的实现机制实践分析 / 126

第一节　案例介绍 / 126
一、购买主体 / 128
二、承接主体 / 128
三、购买内容 / 129
四、购买方式 / 130
五、财政资金 / 131
六、监督与评价 / 132

第二节　我国公共体育服务合同外包中政府责任实现困境分析 / 133
一、公共体育服务合同外包中政府的目标偏移 / 133
二、公共体育服务合同外包中运行机制建设困难 / 134
三、对公共体育服务合同外包中政府问责的缺失 / 135

第三节　我国公共体育服务合同外包中政府责任实现困境成因分析 / 136
一、公共体育服务合同外包中政府的角色定位失误 / 136
二、公共体育服务合同外包的法律制度不健全 / 137
三、公共体育服务合同外包中政府能力存在不足 / 138
四、公共体育服务合同外包的内容范围有限 / 139
五、公共体育服务合同外包行为内部化 / 140

第四节　我国公共体育服务合同外包中政府责任实现机制优化分析 / 141
一、完善公共体育服务相关政策法规体系 / 141
二、重视公共体育服务供方市场培育 / 142

本章小结 / 145

第八章　结论与建议 / 147
一、主要结论 / 147

二、相关建议 / 148

三、本书存在的不足及未来展望 / 149

附录A 访谈提纲 / 150

附录B 2016—2019年苏州市政府购买公共体育服务项目目录
/ 152

参考文献 / 175

后记 / 185

第一章 绪 论

改革开放以来，政府机构一直是我国深化行政体制改革的重点对象。自 1998 年国务院机构改革以来，我国政府踏上了简政放权的道路。经历 20 多年的改革探索，从建设全能型政府到建设服务型政府，我国在政府机构改革中始终着眼于保障和改善民生，着眼于加强社会管理和公共服务部门建设。2006 年 10 月 11 日，党的十六届六中全会审议通过《中共中央关于构建社会主义和谐社会若干重大问题的决定》，明确提出要"建设服务型政府，强化社会管理和公共服务职能"，建设服务型政府自此被纳入国家建设的总方针。服务型政府以服务为宗旨，并承担着提供公共服务和产品的责任，是有限政府与责任政府的综合体，这就要求政府在提供公共体育服务时，不但要坚持全心全意为人民服务，实现公共体育利益的最大化，而且在出现不良或违法行为时，还应接受处罚或依法承担法律责任，以实现权力与责任的统一。

第一节 研究背景

一、建立公共体育服务型政府的"必需品"

目前，政府部门确实很难有能力去无限满足我国公民多元化、多层次的公共体育服务需求，为了回应我国公民对公共体育服务多元化的需求，2016 年国家体育总局发布的《体育发展"十三五"规划》提出，要进一步健全政府购买体育服务体制机制。当前，引入竞争机制作为推动公共体育服务合同外包有序发展的基础工具，已成为公共体育服务供给侧改革的重要方向。由此可见，在体育事业中，政府部门也开始向服务型政府转变，通过向市场和社会购买体育服务来改善公民体育需求难以得到满足的现状。在公共体育服务合同外包过程中，服务型政府建设客观要求政府转变角色，即政府要与社会力量成为合作伙伴，政府与公民的关系要转变为提供商与消费者的关系，政府角色的转变要求政府责任同步更新。所以，明确政府责任是建立公共体育服务型政府的"必需品"。

二、深化公共体育服务供给侧改革的"突破口"

根据国家统计局公布的数据，我国依旧是全球经济增长率最高的国家之一，人民群众对提高生活质量的要求日益迫切，尤其是在全民健身上升为国家战略之后，人民群众对公共体育服务的需求发生变化，不再仅仅满足于获得基础公共体育服务，而是更加注重体育服务的精准化、多元化。2019年国务院《政府工作报告》提出，要深化供给侧结构性改革，实体经济活力不断释放。供给侧改革就是从提高供给质量出发，改革政府供给方式，使之更好地与市场导向相协调，充分发挥市场在资源配置中的决定性作用。同年，国务院提出体育强国是新时期我国体育工作改革和发展的目标与任务，并在《体育强国纲要》中强调持续提升体育发展的质量和效益，不断满足人民对美好生活的需要。长期以来，我国公共体育服务一直由政府一手包办，垄断式提供，导致公共体育服务效率不高。虽然我国公共体育服务供给方式开始转变，但是因为对市场供给方式缺乏合理的引导和规范，使市场机制不能直接融入公共体育服务中来[1]，公共体育服务供给侧改革始终浮于表面。

公共体育服务合同外包最重要的特点在于合同双方主体资格平等、法律地位平等、权利义务对等及平等受法律保护，双方需要严格按照合同的规定实施服务供给。这在一定程度上使公共体育服务供给程序规范化，同时，也让政府与社会组织、企业等处于平等地位，易于让市场机制更好地发挥作用。

三、完善公共体育服务合同外包治理体系

《中共中央关于坚持和完善中国特色社会主义制度 推进国家治理体系和治理能力现代化若干重大问题的决定》提出，构建职责明确、依法行政

---

① 程翀. 从十九大报告中新时代社会主要矛盾论断探析我国体育公共服务供给侧改革[J]. 南京体育学院学报（社会科学版），2017，31（05）：30-34.

的政府治理体系，推进政府责任法定化。公共体育服务合同外包与国家治理体系和治理能力现代化的核心理念近乎相同，国家治理体系现代化首先要求做到治理主体多元化，公共体育服务合同外包是一个政府与企业、社会组织、人民群众共同参与、共同合作、共同治理的过程，改变了过去政府一元主导的社会管理模式，突显社会力量和人民群众在社会治理中的重要地位。另外，在公共体育服务合同外包中，要求政府拥有现代化的治理能力，虽然政府部门将生产职能转移了出去，但这对政府的治理能力提出了更高要求，如何运用更加科学、完善的制度去治理公共体育服务合同外包是政府面临的新挑战。

从目前的情况来看，我国公共体育服务合同外包的发展趋势主要表现为：一方面，由社会力量承接政府的生产职能，但政府的相关责任并没有因此转移给他人，而且由于合同的性质，政府履行职责的难度提高。另一方面，我国公共体育服务合同外包涉及的许多项目周期长、评估难度大，政府也未颁布相关政策法规，受到多种因素的限制，整个公共体育服务合同外包过程的治理难度升级。政府只有充分发挥其主导作用，才能在公共体育服务合同外包治理过程中有效完善治理体系，健全合同治理机制与合同治理相关政策法规，引导和支持社会力量积极参与治理，最终实现公共体育服务合同外包中政府治理能力的现代化。

四、公共体育服务合同外包中存在风险和壁垒

为了满足人民群众对公共体育服务的多元化需求，政府需要转变职能，提高公共体育服务质量和财政资金利用效率，并进一步推动社会力量参与公共体育服务合同外包。这是公共体育服务合同外包的最佳运行状态，但必须建立在竞争市场、有效监管等条件之上，如果前提条件缺失，公共体育服务合同外包执行效果就会不佳。我国公共体育服务合同外包发展基础并不理想，主要表现为：首先，社会力量较为薄弱，社会组织独立性较差，竞争力不足；其次，相关法律制度缺失，当前我国公共体育服务合同外包实施过程中可参考的法律依据仅限于《关于政府向社会力量购买服务的指导意见》（国办发〔2013〕96号）和《中华人民共和国政府采购法》及其实施条例，这些法律制度的针对性不强，对政府购买程序的描述不清晰。以上情况直接影响到政府对公共体育服务合同外包工作的推进，增加了政

府行政压力。

　　我国公共体育服务合同外包的各个方面都还存在较大的风险和壁垒，如法律制度缺失的风险、公共体育服务低效率与不公平的风险、合同监管的风险和承接主体缺少竞争性的壁垒、政府与社会力量相互不信任的壁垒等，这导致多方主体利益受损，社会效益降低。明确政府在公共体育服务合同外包中的责任和如何治理现存问题，能有效规避公共体育服务合同外包中存在的风险和壁垒，对推进公共体育服务事业发展具有重要的现实意义。

第二节　研究意义

　　本书深入探讨公共体育服务合同外包中政府责任与政府治理两个方面，不仅能阐明政府购买公共体育服务和公共体育服务合同外包之间的内在联系，丰富公共体育服务合同外包中政府责任理论，同时也能为推动政府治理能力现代化提供借鉴。

一、理论意义

　　（1）公共服务合同外包的概念最早是由西方发达国家提出的，但是始终没有形成统一的标准。本书尝试区分、把握公共体育服务合同外包与政府购买公共体育服务两个术语的内涵、外延及其逻辑关系，这在一定程度上丰富了公共体育服务合同外包的理论成果。

　　（2）我国公共体育服务供给的市场化、社会化程度不高，经常出现脱离总体指导思想的问题，难以保障广大人民群众获得优质高效的公共体育服务。通过研究公共体育服务合同外包中的政府责任，构建政府问责机制，有利于规范政府行为，完善责任政府的理论研究，同时促进责任政府理论在公共体育服务合同外包领域的应用。

　　（3）因政府与社会力量之间存在信息非对称性和利益冲突性，公共体育服务合同外包的多个环节存在风险和壁垒。所以，运用治理理论，从政府视角出发，构建公共体育服务合同外包治理体系的理论框架，在一定程度上强化了政府的治理意识，从而可以推动公共体育服务合同外包中政府治理能力的现代化。

二、实践意义

（1）对于政府而言。界定公共体育服务合同外包中的政府责任，有利于政府瘦身，符合"小政府、大社会"行政管理体制改革目标，能推动政府职能向评估和监管转变。在公共体育服务合同外包中引入竞争机制并为其创造竞争环境，在一定程度上可以提高公共体育服务和产品的质量，有利于打破政府在满足公共体育服务需求上的局限性，缓解我国公共体育服务发展不均衡的现状。

（2）对于社会力量而言。通过公共体育服务合同外包的方式，可以为社会组织释放更多的制度空间，提供广阔的发展平台，促使社会体育组织和体育企业健康发展。目前，政府与社会力量的地位并没有发生明显转变，政府给予社会力量的权力不多，社会力量无法有效发挥自身的供给能力，这减弱了社会力量参与公共体育服务供给的积极性。公共体育服务合同外包的形式可以充分发挥合同双方地位平等的优势，通过合同的法律效力使政府自我规制。

（3）对于公共体育服务合同外包环境而言。通过规范公共体育服务合同外包中的政府责任，可以优化法制环境，在一定程度上能对我国地方政府公共体育服务合同外包的实施提供指导和借鉴。公共体育服务合同外包的治理是一个持续性的过程，只有厘清了合同发展过程的每一个阶段，对每一个阶段的管理任务进行分析并据此设计具体制度，才能对合同治理进行有效的法律规制。① 所以，要在公共体育服务合同外包中建立政府问责机制，以明确政府在未履行其职责及合同外包失败时所应承担的法律后果。

第三节　文献综述

一、国外相关内容的研究综述

公共服务外包最早出现在西方国家，由于起步较早，西方国家对公共服务外包的研究也日渐成熟。其中，公共服务外包决策、外包合同管理及

---

① 李丹萍．政府公共服务外包合同中的政府责任及其实现机制［J］．南海法学，2018，2（05）：96-103．

法律制度保障都是国外学者研究的热门话题。公共服务外包决策涉及多个环节且过程复杂，萨瓦斯（Savas，2000）将公共服务引入外包归纳为12个步骤：考虑实施外包，选择拟外包的服务，进行可行性研究，促进竞争，了解投标意向和资质，规划雇员过渡，准备招标合同细则，进行公关活动，策划管理者参与的竞争，实施公平招标，评估标书和签约，监测、评估和促进合同的履行。① 其中，前9项都是政府在外包决策时应考虑的环节。

在外包合同管理的研究中，艾伦等（Allen et al.，2000）认为外包合同管理贯穿于公共服务外包的全过程，对成本、进度、质量等的控制都融合在外包合同管理的过程中，外包合同管理的主要内容包括合同制定、合同签订、合同实施、合同监管、合同终止。② 弗里普（Fripp，2007）在研究公共服务外包时提出，公共服务外包需要找到一个合适的合同框架，以实现成本与质量、效率与公平的均衡，这是公共服务市场创新所面临的主要挑战之一。③

建立政府行为问责机制对公共服务合同外包的规范运行具有重要的现实意义。在英国，法院可以对提供公共服务的新合同领域进行干预，亨特（Hunt，1997）指出，法院会通过扩大政府行为原则（state action doctrine），或者通过在诸如忠诚义务等普通法原则中引入公法法规，来对私人主体进行管制。④ 崔瑶（2016）在研究政府公共服务合同外包行政法规时发现，以美国和英国为代表的西方国家已经有相对丰富和明确的规范性法律文件来对政府公共服务外包合同进行规制。这些规范性法律文件主要强调的是竞争的公平性和透明性，以保障合同缔结过程的合法有效，保障服务提供者的利益。英国通过制定严格的法律来对反竞争行为做出惩罚。此外，英国还设立契约管理小组委员会，作为监督契约的专门机构。美国通过《公共合同法》《联邦采购法》《合同竞争法》等规范性法律文件来规范合同的订立程序，要求公开招标过程，而且投标人也享有宪法上的程序权利，可以

---

① SAVAS E S. Privatization and public-private partnerships [M]. New York：Chatham House Publishers，2000.

② ALLEN S，CHANDRASHEKAR A. Outsourcing services：the contract is just the beginning [J]. Business Horizons，2000，43（02）：25-34.

③ FRIPP N. Contracting for change and innovation [M]. London：The CSIP Commission，2007.

④ HUNT M. Constitutionalism and contractualisation of government in the United Kingdom [M] // TAGGART M. The province of administrative law. Oxford：Hart Publishing，1997.

提出投标异议。①

在政府购买公共体育服务领域，杨中皖（2019）以德国为例，将德国购买公共体育服务的方式按照合作对象分为政府间的购买、政府和体育社会组织合作、政府和社区的合作、政府和市场的合作四种类型。② 关于相关政府责任，李屹松（2018）在对澳大利亚维多利亚州政府购买体育培训服务的经验总结中提出，维多利亚州政府购买体育培训服务的购买主体清晰、职责明确，州政府主要负责制定政府购买体育培训服务的政策规范，确定政府购买体育培训服务的范围及内容，审核培训机构的资质，签订资助合同及支付购买体育培训服务的资金等工作。③

二、国内相关内容的研究综述

（一）公共服务合同外包研究

在中国知网数据库中，以"公共服务合同外包"为检索词，将1979年1月到2019年7月设置为检索时间段，共检索出相关文献289篇，其中核心期刊文献有61篇。从图1-1可以看出，我国公共服务合同外包的研究从2005年起步，2013—2014年发文量达到顶峰41篇，2014年之后发文量开始下降。在这289篇相关文献中，以"政府责任"为关键词进行二次检索，共检索出相关文献41篇，占文献总数的14.2%，文献以公共管理学与行政

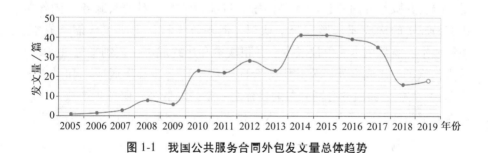

图1-1 我国公共服务合同外包发文量总体趋势

---

① 崔瑶. 论政府公共服务外包合同的行政法规制［D］. 太原：山西财经大学，2016.
② 杨中皖. 德国政府购买体育公共服务的原则、经验及借鉴［J］. 西安体育学院学报，2019，36（06）：641-647.
③ 李屹松. 澳大利亚政府购买体育培训服务的经验与启示［J］. 北京体育大学学报，2018，41（01）：34-42.

管理学的研究方向居多,涉及体育领域的仅有1篇。由此得知,虽然公共体育服务合同外包作为公共服务合同外包的重要组成部分,但是从公共管理角度进行研究的体育类文献并不多。

1. 公共服务合同外包的理论与实践研究

我国的公共服务合同外包研究进展与国外相比明显滞后,但目前的理论与实践研究发展迅速。从理论层面来看,国内学者更多关注的是理论逻辑、内涵等方面。公共服务合同外包最早盛行于西方国家,并且西方国家已经形成较为完善的理论体系。因此,国内学者对公共服务合同外包的理论逻辑的研究大多受到西方国家理论源流的影响。王雁红(2014)认为市场失灵与市场的功能缺陷又为政府不断扩大公共服务供给提供了理论支撑,借助萨瓦斯和凯特尔等相关学者的理论研究,从公共服务生产与提供的可分离性、以合同为中介的治理和竞争机制的效用三个维度诠释了公共服务合同外包的理论逻辑。① 邓骞(2016)认为新公共管理理论、公共选择理论、治理-善治理论、交易费用理论和法治理论都是政府公共服务外包的理论源流。② 关于公共服务合同外包的内涵,杨欣(2012)在书中写到,政府将其承担的公共服务职能,以市场竞争等方式,以合同为载体,转移给政府以外的社会组织、企业或个人实体,政府对服务结果进行评估,并向承包商支付费用。③

在对公共服务合同外包中的交易成本的研究中,有学者认为交易成本是影响公共服务合同外包的重要因素。目前,学术界对公共服务合同外包中交易成本的构成还未形成统一认识,但多数学者认为应包含信息成本、决策成本、监督成本、争议成本、寻租成本和违约成本。蓝剑平等(2016)认为,除了上述成本外,公共服务合同外包中还会涉及沟通成本和过失成本等。④ 实施公共服务合同外包的目标之一就是降低公共服务生产成本,缓解政府部门的财政压力。因此,本书作者认为,交易成本也可以用来界定

---

① 王雁红. 公共服务合同外包:理论逻辑、现实动因及争议[J]. 中共福建省委党校学报,2014(10):56-63.
② 邓骞. 论法治视野下政府公共服务外包的理论源流[J]. 陕西行政学院学报,2016,30(01):20-23.
③ 杨欣. 公共服务合同外包中的政府责任研究[M]. 北京:光明日报出版社,2012.
④ 蓝剑平,詹国彬. 公共服务合同外包中的交易成本及其治理[J]. 东南学术,2016(01):128-136.

公共服务合同外包的适用范围，交易成本越低，越适合采用公共服务合同外包方式。

我国学者对公共服务合同外包的实证研究主要从公共服务合同外包存在的问题、问题的成因和解决的措施等角度展开。朱海香（2014）从合同外包的操作流程入手，提出我国公共服务外包存在公共服务过度外包、合同定价不准、市场竞争不足、政府监管缺失、评估机制不完善等问题。① 王凌燕（2013）认为由于制度环境尚未完全形成，我国在实施公共服务外包的过程中存在公共服务界定不清、非营利组织发展遭困、政府监管和服务意识缺失、程序不规范等问题，甚至引发权力寻租、腐败、损害公众利益等风险。② 孙玉龙（2017）提出从革新合同外包思路、完善合同招标制度、强化政府责任、培育社会组织、健全合同外包运行保障机制入手，来解决我国公共服务合同外包的现存问题。③

2. 公共服务合同外包中的政府责任研究

国内学者对公共服务合同外包中政府责任的研究起步于 2005 年，研究内容主要集中在公共服务合同外包中的政府合同管理责任、监管责任、法律责任、风险防范责任等方面。无论是针对政府哪种责任的研究，都离不开行政法和立法范围，因为公共服务合同外包始终属于行政手段的应用，国内许多学者也从行政法角度出发，提出通过行政法治化来规范合同外包程序、降低合同外包风险。秦运瑞（2014）在政府购买公共服务法律问题研究中，因深受美国学者朱迪·弗里曼教授的《合作治理与新行政法》一书中新行政法思想的启发，提出通过我国政府主体角色的积极转变以引进多方混合主体，以多元化的责任承担主体和监督评价机制来降低购买风险。④ 谭朴珍（2014）论述了政府购买公共服务的行政实体法规制，在政府购买公共服务中，政府负有公法上的实体责任，这种实体责任贯穿于政府购买公共服务的全过程，既体现在公共服务购买中当事人权利义务配置上，

---

① 朱海香. 我国公共服务合同外包存在的问题及对策研究 [D]. 济南：山东大学，2014.
② 王凌燕. 我国政府公共服务外包存在的问题及其法律规制 [J]. 西南科技大学学报（哲学社会科学版），2013，30（05）：20-26.
③ 孙玉龙. 政府公共服务合同外包存在的问题与对策研究 [D]. 沈阳：沈阳师范大学，2017.
④ 秦运瑞. 政府购买公共服务法律问题研究 [D]. 北京：北方工业大学，2014.

又体现在政府购买公共服务范围的确立方面。① 从立法角度来说，赵月星（2018）对我国政府购买服务后监管责任方面的立法现状和运行现状进行分析，提出政府监管责任目前存在的三个问题：缺乏系统的规制体系、临时接管机制不健全、监管评价体系不健全。② 韩清颖等（2019）认为，公共服务对应的公共责任永远归属于政府，政府必须随时关注那些公共服务购买项目，及时提供专业指导、支持，对于不按合同运行，甚至违法乱纪的公共服务购买项目要随时进行监督、干预。③ 鉴于此，本书将会对公共体育服务合同外包中的政府责任进行研究，以期为补充和完善公共服务合同外包的法律制度提供思路。

政府作为公共服务合同外包的主要参与者之一，能否有效履行其职责对公共服务合同外包的成败有着直接的影响。匡婷（2018）认为政府在公共服务合同外包中的角色应该是公共服务的购买者、公共服务外包的监管者及风险的管理者，但是我国政府没有清楚地定位好自己的角色，造成服务的购买水平下降。④ 我国公共服务合同外包中政府责任缺失问题较为严重，部分学者也对此进行了相关研究。彭潛皓（2014）将我国政府在公共服务合同外包中的责任缺失分为三个方面，即合同治理过程的政府程序管理责任缺失、合同治理过程的政府监管责任缺失、合同治理过程的政府担保责任缺失，并对其造成的影响进行了探讨。⑤ 麻翠翠（2016）将我国公共服务外包中政府责任缺失的原因总结为以下四点：一是政府自身角色界定失误；二是相关法律法规不健全；三是政府监管问责机制和制度不完善；四是行政人员的伦理道德意识淡薄。她从善治视角提出构建我国公共服务外包中政府责任的路径，即协调主体间关系、强化政府职能、加强法制建设、加大财政投入力度、倡导为官清廉的政治理论等。⑥ 崔瑶（2016）以行政合同理论为基础，分析了政府在公共服务外包合同的签订、履行、监管、

---

① 谭朴珍.政府购买公共服务的行政法治化研究［D］.上海：华东政法大学，2014.
② 赵月星.政府购买服务后的监管责任［D］.郑州：郑州大学，2018.
③ 韩清颖，孙涛.政府购买公共服务有效性及其影响因素研究：基于153个政府购买公共服务案例的探索［J］.公共管理学报，2019，16（03）：62-72，171.
④ 匡婷.我国公共服务外包中政府角色研究［D］.南昌：南昌大学，2018.
⑤ 彭潛皓.我国公共服务合同外包中政府责任缺失问题研究：基于委托-代理理论视角的分析［D］.上海：上海交通大学，2014.
⑥ 麻翠翠.善治视角下公共服务外包中政府责任研究［D］.长春：吉林大学，2016.

救济等一系列过程中出现的问题,并认为好的政府公共服务外包合同,应当具备标准的合同文本,清晰的权利义务配置,具体步骤、方法和程序都应有明确的法律规定,合同双方都能够遵守法律规定、依法获得相应救济,保护自己的合法权益。①

(二) 政府购买公共体育服务研究

在中国知网数据库中,以"政府购买公共体育服务"为检索词,将1979年1月到2019年7月设置为检索时间段,共检索出相关文献550篇,其中核心期刊文献有167篇。从图1-2可以看出,我国政府购买公共体育服务的研究起步于2008年,从2013年开始发文量保持快速增长,2015年之后发文量保持在每年100篇以上,2019年预测值为155篇,这说明全民健身上升为国家战略之后,政府购买公共体育服务得到国内学者的高度重视。在这550篇相关文献中,以"责任"为关键词进行二次检索,共检索出相关文献18篇,占文献总数的3.3%,占比较小,其中仅有3篇文献是以"政府责任"为主题。

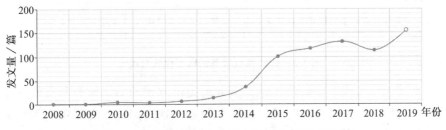

图1-2 我国政府购买公共体育服务发文量总体趋势

1. 政府购买公共体育服务的理论与实践研究

关于政府购买公共体育服务的理论研究,研究内容主要集中在政府购买公共体育服务的模式、发达国家经验等方面。国内学者对政府购买公共体育服务的模式研究比较统一,多是基于购买主体与承接主体之间的独立关系与竞争性,将公共体育服务的购买模式划分为独立关系竞争购买、独立关系非竞争购买、依赖关系竞争购买及依赖关系非竞争购买四种类型(图1-3)。代表性文献有《基于"创新、协调、共享"发展价值的理论思

---

① 崔瑶. 论政府公共服务外包合同的行政法规制 [D]. 太原:山西财经大学,2016.

考：评〈建设服务型政府与完善地方公共服务体系研究〉》①《政府购买公共体育服务的模式、问题及建议：基于苏、浙、沪、粤等省市的调研》②《政府购买公共体育服务的模式研究》③ 等。在国外政府购买公共体育服务的经验借鉴方面，汪波（2014）认为发达国家政府在购买公共体育服务领域取得了"通过健全的法规促进政府购买公共体育服务不断发展，以体育非营利组织为首选合作伙伴并积极促进其发展"等经验。④ 朱毅然（2014）提出对我国政府购买公共体育服务的启示：运用多种措施形成政府购买公共体育服务制度化局面；培养体育非营利组织的综合能力和合理增加其数量让购买过程具有竞争性；修改相关法律条文，保障承接主体的独立性；构建科学合理的绩效评估体系。⑤

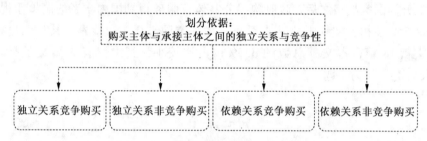

图 1-3　公共体育服务的购买模式分类

在关于我国政府购买公共体育服务的提供方式的学术研究和实践探索得到发展后，以我国政府购买公共体育服务的现实困境和发展策略为研究主题的文献逐渐增多。王占坤等（2014）的研究指出，我国地方政府购买公共体育服务的主要问题是法律体系不健全、缺乏完善的公共体育服务质量评价与监督体系等，提出以社会融合为价值取向指导购买社会体育服务、

---

① 王浦劬．基于"创新、协调、共享"发展价值的理论思考：评《建设服务型政府与完善地方公共服务体系研究》[J]．上海行政学院学报，2016，17（02）：34-37．

② 丛湖平，卢伟．政府购买公共体育服务的模式、问题及建议：基于苏、浙、沪、粤等省市的调研 [J]．体育科学，2016，36（12）：11-17．

③ 冯欣欣．政府购买公共体育服务的模式研究 [J]．体育与科学，2014，35（05）：44-48，71．

④ 汪波．政府购买公共体育服务：国际经验与我国推进路径 [J]．上海体育学院学报，2014，38（06）：25-30．

⑤ 朱毅然．发达国家政府购买公共体育服务的经验及启示 [J]．天津体育学院学报，2014，29（04）：290-295．

完善政府购买公共体育服务的质量监督评估机制等应对策略。① 张大超等（2017）的研究认为，我国政府购买公共体育服务中存在的问题主要包括：政策法规还不够成熟，购买内容还未满足受众真正需求，承接主体区域发展还不够均衡，购买程序还不规范，购买类别不太明晰，监督评估机制尚未建立，受益公平性有待考量。同时，提出了完善相关政策法规，科学地选择购买内容，促进承接主体均衡发展，规范购买程序，完成购买类别的科学划分，建立完善的监督评估机制，促进受益主体公平有序发展等建议。② 通过对以上学者的研究观点进行整理发现，学者们一致认为，法律制度缺失、监管评估机制不健全是阻碍我国政府购买公共体育服务发展的关键因素。

2. 政府购买公共体育服务的责任研究

与政府在购买公共体育服务中所承担的责任相关的文献共计18篇，主要是围绕社会体育组织责任和政府责任等方面进行的探讨，有学者指出在政府购买公共体育服务中，要确保政府正当行使其权力，并规制政府购买公共体育的服务权。蒋宏宇等（2018）认为公共体育服务多元供给中的政府责任包括规划责任、财政责任、监管责任及伦理责任，并提出通过促进公共体育服务立法、加强责任政府建设、调整财政支出责任、健全问责机制等办法，保障公共体育服务多元供给模式的效率。③ 这些学者并未从政府购买公共体育服务中政府的角色出发来研究政府责任，所以对政府责任的研究比较模糊。

（三）公共体育服务外包/合同外包研究

公共体育服务外包和政府购买公共体育服务在本质上是一样的，但是通过中国知网数据库的检索发现，与"公共体育服务外包"相关的文献仅有36篇，其中核心期刊文献有10篇，与"政府购买公共体育服务"相关的文献要比与"公共体育服务外包"相关的文献多，与"公共体育服务合

---

① 王占坤，吴兰花，张现成. 地方政府购买公共体育服务的成效、困境及化解对策[J]. 天津体育学院学报，2014，29（05）：409-414.
② 张大超，杨娟. 我国政府购买公共体育服务的现实困境和发展对策[J]. 体育科学，2017，37（09）：3-15，27.
③ 蒋宏宇，李理. 公共体育服务多元供给中的政府责任及其实现路径[J]. 湖南科技大学学报（社会科学版），2018，21（04）：165-171.

同外包"相关的文献共有7篇，占公共体育服务外包文献总数的19.4%，其中涉及政府责任的文献有4篇，占比为11.1%。

1. 公共体育服务外包相关内容研究

在以"公共体育服务外包"为检索词的36篇相关文献中，体育场馆服务外包、体育赛事服务外包和社区体育服务外包是主要研究内容。在体育场馆服务外包的研究中，代表性文献有《公共体育场馆服务外包运营的困境与治理路径》[①]《我国公共体育场馆服务外包项目多元监管模式发展研究》[②]《公共体育场馆服务外包综合质量评价体系的构建》[③]《政府选择公共体育场馆服务外包承接商的决策机制研究》[④] 等；大型体育场馆服务外包的风险较多，所以有不少学者对公共体育场馆服务外包的风险控制和规避机制进行研究，如张腾的《大型公共体育场馆服务外包风险与控制机制研究：基于发包方的视角》[⑤]、陆亨伯等的《公共体育场馆服务外包风险识别与规避机制研究》[⑥]。学者们分析总结出公共体育场馆服务外包的六大风险，分别是有限理性风险、外包关系潜在锁定风险、逆向选择风险、道德风险、腐败风险、外包关系协调风险，并提出建立相关风险控制机制。在体育赛事服务外包的研究中，代表性文献有《我国公共体育赛事的服务外包研究》[⑦]《我国群众体育赛事服务外包研究》[⑧]，两篇文献的作者皆认为实施公共体育赛事服务外包，有利于促进政府职能转变。在社区体育服务外包的研究中，杨敏（2012）对社区体育公共设施管理服务外包的相关概念进行了梳理，对相关核心理论进行了诠释，并对国内外的相关研究进行了整理，

---

① 郑美艳，孙海燕. 公共体育场馆服务外包运营的困境与治理路径［J］. 体育文化导刊，2015（05）：143-146.

② 郑美艳，王正伦. 我国公共体育场馆服务外包项目多元监管模式发展研究［J］. 中国体育科技，2016，52（02）：25-30.

③ 郑美艳，王正伦，孙海燕. 公共体育场馆服务外包综合质量评价体系的构建［J］. 体育学刊，2016，23（01）：72-75.

④ 邓金兰. 政府选择公共体育场馆服务外包承接商的决策机制研究［J］. 当代体育科技，2017，7（07）：163-164.

⑤ 张腾. 大型公共体育场馆服务外包风险与控制机制研究：基于发包方的视角［D］. 宁波：宁波大学，2012.

⑥ 陆亨伯，张腾，黄辰雨，等. 公共体育场馆服务外包风险识别与规避机制研究［J］. 北京体育大学学报，2014，37（10）：26-31.

⑦ 王凯. 我国公共体育赛事的服务外包研究［J］. 体育学刊，2017，24（03）：61-66.

⑧ 王亚坤，武传玺. 我国群众体育赛事服务外包研究［J］. 体育文化导刊，2018（08）：54-58.

以期为社区体育公共设施管理提供一种新的发展思路。① 张雨濛（2016）以体育企业参与社区体育服务的路径为研究对象，提出体育企业参与社区体育服务的七种路径，即公私伙伴模式、政府购买、委托经营、承包或租赁、服务外包、企业化经营、捐赠或赞助。② 在社会体育指导员服务外包的研究中，张慧方（2018）基于我国社会体育指导员的发展现状，提出采用政府购买的方式供给社会体育指导员服务，并提出可行性建议。③ 通过总结公共体育服务外包的研究内容可以看出，我国公共体育服务外包的研究内容的覆盖面在逐渐扩大，不仅仅局限于公共体育场馆服务外包，这也能间接反映出我国公共体育服务外包的项目在逐渐增加。

2. 公共体育服务合同外包及其政府责任研究

合同制是公共体育服务外包的方式之一，公共体育服务外包领域中有关合同外包的文献仅有7篇，并且多数研究仅仅是在公共体育服务外包下对合同外包的手段进行简要叙述，只有学者张富（2017）是以公共体育服务合同外包为主要研究对象，并结合厦门市公共体育服务合同外包的实际情况，得出厦门市在制度规范性上存在一定程度的欠缺，已成为阻碍公共体育服务合同外包健康发展的首要因素，并探讨建构了一套具备普适性和可操作性的公共体育服务合同外包规制体系。④ 关于公共体育服务外包责任研究的文献仅有2篇，分别是《公共体育服务外包的政府责任及实现机制论析》⑤ 和《公共体育服务外包的政府角色及责任剖析》⑥，两篇文献的作者提出政府在公共体育服务外包过程中存在招标不规范或违规操作、外包服务的安排与公众体育需求错位、合同设计不完善、监管不力的履责不力现象，其原因可归结为"官本位"思想广泛存在、法律法规体系不健全、监督力量薄弱、外包关系复杂、行政改革方式存在弊端、受既得利益

---

① 杨敏. 社区体育公共设施管理服务外包理论研究 [J]. 少林与太极（中州体育），2012（12）：38-41.
② 张雨濛. 我国体育企业参与社区体育服务的路径研究 [D]. 北京：北京体育大学，2016.
③ 张慧方. 政府购买社会体育指导员服务的研究 [D]. 南昌：南昌航空大学，2018.
④ 张富. 厦门市公共体育服务合同外包的规制研究 [D]. 厦门：厦门大学，2017.
⑤ 陈斌，韩会君. 公共体育服务外包的政府责任及实现机制论析 [J]. 天津体育学院学报，2014，29（05）：404-408，438.
⑥ 陈斌，韩会君. 公共体育服务外包的政府角色及责任剖析 [Z] //中国体育科学学会. 第五届中国体育博士高层论坛论文集. 成都：中国体育科学学会，2014.

左右、缺乏外包的技能和能力。最后，提出在公共体育服务外包中建立包括行政问责制、整合机制、信任机制和激励机制在内的政府责任的实现机制。

三、国内外研究述评

对国内外学者的研究成果进行分析后发现：首先，我国公共体育服务合同外包的研究无论是在理论层面还是在实践层面相比于西方国家都还不够成熟，尤其是对公共体育服务合同外包中政府责任部分的研究明显不足，且停留在表面，缺乏深层次的探讨。大部分学者都认为政府在公共服务合同外包中担当的是购买者、监督者和管理者的角色，但是在公共服务合同外包的实际操作中政府的角色并不明确，在公共服务合同外包过程中，政府承担的责任不清晰，政府问责没有受到重视，这应当引起我们的反思。其次，西方学者非常注重对合同外包中相关法律法规的研究，我国学者在此领域的研究相对不足。政府部门作为合同的甲方，不但要承担合同中明确规定的相关义务，还要保证公民能够真实有效地获得相关体育服务，其责任更为复杂。因此，本书将对公共体育服务合同外包中的政府责任进行定义，从性质上对其进行区分，并从治理理论和关系理论出发来构建公共体育服务合同外包中政府责任的实现机制。

第四节　研究思路与研究方法

一、研究思路

本书从理论与实践两个层面对我国公共体育服务合同外包中的政府责任及治理进行了系统地研究，具体思路如下：

第一，对公共体育服务合同外包相关概念进行界定，对公共体育服务合同外包与其他相关概念的逻辑关系进行补充，对公共体育服务合同外包中的政府责任进行分析，完善公共体育服务合同外包中政府责任的基础理论体系。

第二，系统梳理相关文献和法律法规内容，逐步明晰政府在公共体育服务合同外包中的角色定位和责任。

第三，提炼概括出现阶段我国公共体育服务合同外包的三种运作模式，结合三个地方政府实践案例归纳三种运作模式的特征与适用条件，继而指出我国公共体育服务合同外包运作中存在的问题，并针对上述问题提出优化合同外包行为的建议，为进一步增加我国公共体育服务供给方式、提高公共体育服务生产质量与效率、推动体育事业深化改革提供借鉴和支撑。

第四，实证部分主要从苏州市政府购买公共体育服务的现实情况入手，对苏州市政府在购买公共体育服务中负责的具体事宜进行调查与研究，总结当前政府责任的现实困境及其原因。

第五，以美国、英国、日本三个国家不同的公共体育服务发展模式为参考样本，总结其公共体育服务合同外包中政府责任的特点，借鉴其成功经验，旨在对我国公共体育服务合同外包中政府责任的明确与实现提供全面的指导。

第六，系统构建公共体育服务合同外包中政府责任的实现机制，并针对现存问题，提出通过激励机制、声誉机制、信任机制、监督机制、考核机制、追究机制对其进行治理，以期促进我国公共体育服务合同外包的健康发展。

二、研究方法

本书主要以"公共体育服务合同外包中政府责任及其实现机制"为研究对象，通过对政府责任来源、政府角色定位等内容进行分析，确定公共体育服务合同外包中政府的相关责任，并找到政府履行相关责任存在的问题及产生的原因，在此基础上，分析公共体育服务合同外包中政府责任的实现机制，具体研究方法包括以下几种。

（一）文献资料法

以"公共服务合同外包""公共服务合同外包政府责任""政府购买公共体育服务""公共体育服务合同外包"为关键词，并根据研究需要查阅、搜集及整理了系列相关文献，并查阅了相关著作，为本书写作奠定了资料基础。本书获取文献资料的主要渠道如下：① 中国学术期刊网络出版总库；② 中国博士学位论文全文数据库和中国优秀硕士学位论文全文数据库；③ 各级政府官网。通过查阅各级政府网站，搜集整理各级政府公共体育服务合同外包的政策和措施等。尽可能全面了解国内外研究成果，夯实本书的文献资料基础。

（二）访谈法

公共体育服务合同外包的整体流程较为繁杂，政府负责多个环节，在研究期间，通过电话、电子邮件、微信等方式，对苏州市体育局购买公共体育服务的相关负责领导进行采访，收集苏州市近四年来政府购买公共体育服务项目目录，详细咨询和分析苏州市公共体育服务合同外包的发展现状，以对苏州市政府相关工作有更全面深入的认识。访谈对象、访谈内容和相关资料详见附录 A 和 B。

（三）比较分析法

美国、英国、日本三个国家已经构建了完善的公共体育服务合同外包体系，其中的政府责任及治理机制也较为成熟，本书对三个国家的公共体育服务外包发展情况进行整理，分别列举每个国家的发展特点，对其具体政府责任进行概括，并与我国公共体育服务合同外包中的政府责任及其实现机制进行了多角度对比，积极借鉴其实践经验，并结合我国公共体育服务合同外包的实践发展趋势进行探讨。

（四）个案研究法

个案研究法是社会学研究的基础方法之一。由于命题范围较广，本书以个案研究法为主要研究方法，即以苏州市政府购买公共体育服务实践为案例，通过收集相关资料、对相关领导进行访谈等详细了解、整理和分析苏州市政府购买公共体育服务及以合同外包的购买形式推进的项目发展概况，以便对公共体育服务合同外包中的政府责任形成具体的认识。

（五）逻辑分析法

本书采用归纳、演绎、分析、综合等逻辑方法，对公共体育服务合同外包中政府责任的概念界定、相关概念的区分等方面的分析遵循逻辑性的原则，在研究思路和研究内容的设计及相关结论和建议的提出上也体现了逻辑分析的方法。

第五节　研究内容与框架

一、公共体育服务合同外包相关理论阐释

公共体育服务合同外包既是公共服务合同外包的子部分，又是政府购

买公共体育服务的方式之一。本部分首先对公共服务合同外包中的政府责任和公共体育服务合同外包中的政府责任进行研究；其次梳理政府购买公共体育服务的方式，对合同制下政府购买公共体育服务的前提条件进行总结；最后补充和完善公共体育服务合同外包的概念内涵，以便使政府在公共体育服务中的责任更清晰明确。

二、我国公共体育服务合同外包中的政府责任研究

本部分首先分析公共体育服务合同外包中政府责任的范围；其次再通过合同法等相关法律对公共体育服务合同外包中的政府责任进行分析，明确基于合同制的公共体育服务合同外包赋予政府责任哪些新的内容。

三、我国公共体育服务合同外包的有效运作模式分析

本部分概括出现阶段我国公共体育服务合同外包的三种运作模式，结合三个地方政府实践案例归纳三种运作模式的特征与适用条件，继而指出我国公共体育服务合同外包运作中存在的问题，并针对上述问题提出优化合同外包行为的建议，为进一步增加我国公共体育服务供给方式、提高公共体育服务生产质量与效率、推动体育事业深化改革提供借鉴和支撑。

四、国外公共体育服务合同外包中政府责任的经验借鉴

本部分通过对美国、英国、日本三个国家的公共体育服务合同外包发展历程进行梳理，并对其公共体育服务的供给主体及其分工、公共体育服务合同外包的参与主体及政府责任进行总结，为我国公共体育服务合同外包中政府责任的查漏补缺，积累经验。

五、公共体育服务合同外包中政府责任的实现机制研究

本部分尝试建立我国公共体育服务合同外包中政府责任的实现机制，通过案例对公共体育服务合同外包中政府的责任治理进行分析，旨在解决现实存在的问题，优化公共体育服务合同外包的环境。

六、我国公共体育服务合同外包中政府责任的实现机制实践分析

本部分以苏州市为例，对苏州市政府购买公共体育服务进行实践调查，了解苏州市公共体育服务合同外包的发展现状，总结我国公共体育服务合同外包中政府责任存在的问题及影响因素，为构建公共体育服务合同外包中政府责任的实现机制提供参考。

本章小结

本章首先阐述了研究的背景和意义；其次述评了现阶段我国公共体育服务合同外包中政府责任相关的研究文献；再次确立了本书的研究内容与逻辑框架结构，对本书相互联系和作用的内容进行整体上的把握；最后结合我国公共体育服务合同外包有效运作模式及运行机制的特点，明确了公共体育服务合同外包中政府责任实现机制的研究思路，提出了公共体育服务合同外包中政府责任实现机制研究的具体研究方法，为本书写作的顺利进行提供了有效支撑。

第二章 公共体育服务合同外包相关理论阐释

20世纪70年代末,发达国家掀起了以减少政府财政支出、提高政府行政效率、提升公共服务质量和满足公民多元化需求为主要内容的行政改革热潮,公共体育服务外包在发达国家行政改革中应运而生。此后,国内外学术界围绕公共体育服务外包展开了热烈的讨论,"什么是公共体育服务外包""怎样进行公共体育服务外包""为什么要进行公共体育服务外包"等问题是讨论的焦点,但对公共体育服务外包的概念、发展历程及动因缺乏系统梳理和深入分析。鉴于此,本书主要探讨学术界有关发达国家公共体育服务外包的研究进展,主要聚焦于以下几个方面:公共体育服务外包的概念、发达国家公共体育服务发展历程、发达国家公共体育服务外包动因、公共体育服务外包经验和公共体育服务外包趋势,以期为我国公共体育服务外包的科学实施提供参考,促进我国公共体育服务事业的科学发展。

第一节 公共体育服务合同外包核心概念界定

一、关于公共体育服务的概念

目前,国内外学术界尚未对公共体育服务的概念进行明确界定,更多的是对其上位概念即公共服务(Public Service)概念的研究。在我国,王浦劬等(2010)将公共服务定义为政府运用公共权力和公共资源向公民(及被其监护的未成年子女等)所提供的各项服务。[1] 王静宜等(2016)指出由于国情不同,我国政府与国外政府在公共体育服务价值判断上存在客观

---

[1] 王浦劬,萨拉蒙,艾里什,等. 政府向社会组织购买公共服务研究:中国与全球经验分析[M]. 北京:北京大学出版社,2010.

差异，国外是围绕着政府介入、游说协商的逻辑来对公共体育服务概念的内涵进行拓展。① 国内公共体育服务概念发展至今已日趋成熟和明确，虽然学术界对"公共体育服务"和"体育公共服务"的使用仍存在分歧，但是对比两者的定义不难发现其本质是相同的。因此，本书不再赘述，统一使用"公共体育服务"一词。本书借鉴陈振明等的著作《公共服务导论》中对"公共服务"概念的解释，以国内学者在"公共体育服务"概念界定中不同的侧重点为分类依据，将国内学术界的观点大致分为以下几个视角：

（1）物品解释法：该视角从萨缪尔森的公共物品理论出发，认为公共服务就是提供公共物品，并由此来推演和解释"公共体育服务"的概念。如刘艳丽等（2005）认为公共体育服务是指满足社会共同需求，具有非竞争性和非排他性公共物品性质的体育服务。② 肖林鹏等（2007）认为公共体育服务是指公共组织为满足公共体育需要而提供的公共物品或混合物品。③

（2）利益解释法：该视角以新公共行政学派理论为基础，强调判定公共服务的内在依据是基于新公共行政学派理论而发展的，有公共利益的物品才能称为公共物品，才具有公共服务属性。如周爱光（2012）指出公共体育服务是通过提供各种体育产品满足公民需要的公共服务。④ 刘亮（2011）认为公共体育服务是以政府为核心的公共部门为实现和维护社会公众或社会共同体的体育公共利益，保障其体育权益的目标实现所实施的公共行为的总称。⑤ 石伟伟（2015）将公共体育服务定义为为了满足公众的公共体育需求而提供的各种公共产品和服务的总称。⑥

（3）主体解释法：该视角以登哈特夫妇提出的"新公共服务"为理论基础，指出政府应当坚持"以人为本"的公共服务导向，发展多元主体供给模式，加快实现从公共体育服务控制者向服务者的角色转变。如范冬云

---

① 王静宜，刘璐. 国内外公共体育服务概念内涵的比较与启示 [J]. 云南行政学院学报，2016，18（05）：144-147.

② 刘艳丽，苗大培. 社会资本与社区体育公共服务 [J]. 体育学刊，2005（03）：126-128.

③ 肖林鹏，李宗浩，杨晓晨. 公共体育服务概念及其理论分析 [J]. 天津体育学院学报，2007（02）：97-101.

④ 周爱光. 从体育公共服务的概念审视政府的地位和作用 [J]. 体育科学，2012，32（05）：64-70.

⑤ 刘亮. 我国体育公共服务的概念溯源与再认识 [J]. 体育学刊，2011，18（03）：34-40.

⑥ 石伟伟. 政府购买体育公共服务行为的研究 [D]. 苏州：苏州大学，2015.

(2010)指出公共体育服务是政府、企业和第三部门等供给主体为满足社会成员体育需要而提供体育公共产品的过程。① 王静宜等（2016）认为公共体育服务是由政府主导的，以政府与公共组织作为供给主体，通过政府部门与公共组织之间的合作来产出公共体育产品。②

（4）职能解释法："公共性"与"服务性"是公共体育服务的两大特点，而职能解释法对公共体育服务概念的界定淡化了这两大特点。如戴永冠等（2012）认为公共体育服务本质上是一种职能，据此将公共体育服务定义为政府或非政府组织在供给人民共同消费或享用的体育产品或体育服务过程中所承担的职能。③

综上所述，公共体育服务事业发展至今，其具有的特征主要包括以下几个方面：第一，满足公众的公共体育需求、保障公众的体育权益是公共体育服务的目的；第二，公共体育服务的供给主体是以政府为核心的多元主体；第三，公共体育服务的客体是社会公众；第四，公共体育服务包括有形体育产品和无形体育服务等多种形态。基于这些特征，笔者认同冯欣欣（2014）对公共体育服务的定义："政府部门为满足公众的公共体育需要，实现公民体育权利和公共体育利益，向全体社会公众提供的公共体育产品和服务的总称"④。公共体育服务产生于一定的政治、经济与文化环境，因此应当以发展的眼光界定公共体育服务的内涵。

二、关于公共体育服务外包的概念

在公共体育服务外包的研究中，研究内容直指公共体育服务外包的文献并不多，多数研究聚焦在其上位概念即公共服务外包，因为公共体育服务从属于公共服务范畴。因此，公共服务外包的概念同样适用于公共体育服务外包。无论是在理论层面还是在实践层面，国外学术界关于公共服务外包的研究都取得了丰硕的成果。国外学者大多把公共服务外包当作公共

---

① 范冬云. 我国体育公共服务研究中几个问题的探讨 [J]. 成都体育学院学报, 2010, 36 (02): 6-8, 12.

② 王静宜, 刘璐. 国内外公共体育服务概念内涵的比较与启示 [J]. 云南行政学院学报, 2016, 18 (05): 144-147.

③ 戴永冠, 林伟红. 公共体育服务概念、结构及人本思想 [J]. 武汉体育学院学报, 2012, 46 (10): 5-10.

④ 冯欣欣. 政府购买公共体育服务的模式研究 [J]. 体育与科学, 2014, 35 (05): 44-48, 71.

服务市场化或民营化改革途径来研究。经济合作与发展组织（OECD）和沃尔什（Walsh）认为公共服务外包的本质就是在公共服务部门引入竞争及私人部门的管理制度，基于此将公共服务外包定义为：从传统的政府内部机构提供产品和服务转向从外部购买产品和服务，通过公共服务供应商之间的竞争来提高公共服务质量，或者弥补政府在提供公共服务方面的不足。① 这也是当前国际上关于公共服务外包比较具有权威性和代表性的定义。美国民营化大师萨瓦斯（Savas）在其著作《民营化与公私部门的伙伴关系》中将合同外包定义为：政府通过与民营企业、非营利组织签订关于物品和服务的合同，由民营企业与非营利组织来组织生产公众所需的服务，而政府只是服务的提供者。② 我国对公共服务外包的研究起步较晚，而公共体育服务外包更是一个新兴领域，目前国内学术界对公共服务外包的概念尚未形成完全统一的看法，如"政府购买公共服务""公共服务社会化""公共服务民营化""公共服务市场化"等也常被当作"公共服务外包"的等同概念来使用。国内学者对公共体育服务外包概念的界定都有各自的侧重点，主要从以下几个视角来解释：一是治理机制视角，认为公共体育服务外包的本质是引入竞争机制以形成公私合营的治理机制。如陈斌等（2014）认为公共体育服务外包是指政府以契约形式，通过市场竞争机制将某些具体的公共服务生产职能委托给具有资质的民营企业、社会组织的一种新型服务供给形式。③ 二是政府职能转变视角，认为公共体育服务外包打破了政府单一垄断供给，重新划分了政府职能范围，政府角色也得以重塑。如汪波（2014）、詹兴永（2015）认为公共体育服务外包实质上就是政府将一部分公共体育服务通过直接拨款或公开招标的方式交由体育非营利组织等社会与市场力量来提供，以此打破政府单一垄断的格局，政府不再是公共体育

---

① 世界银行《2007年世界发展指标》编写组.2007年世界发展指标［M］.王辉，等译.北京：中国财政经济出版社，2008.
② 萨瓦斯.民营化与公私部门的伙伴关系［M］.周志忍，等译.北京：中国人民大学出版社，2002.
③ 陈斌，韩会君.公共体育服务外包的政府责任及实现机制论析［J］.天津体育学院学报，2014，29（05）：404-408，438.

服务的直接供给者,而是"掌舵者"。①② 三是行为属性视角,如冯欣欣(2014)认为公共体育服务外包就是政府部门为了履行服务社会公众的职能,通过政府财政向各类社会服务机构进行直接购买以实现政府财政效力最大化的行为,其本质就是一种委托-代理行为。③

综上所述,虽然不同学者对公共体育服务外包做出了不同的诠释,但其揭示的核心内涵是一致的,均包含了外包目的、外包行为及外包主体(政府)、承接主体(服务提供方)等内容。笔者认为公共体育服务外包本质上就是一个政府通过在公共体育服务供给中引入市场竞争机制,与私人部门或非营利组织之间建立委托关系并以此转变政府职能的过程,即公共体育服务供给由政府与公民之间的双边关系,转变为政府、私人部门、非营利组织与公民之间的多元网络关系。因此,本书将公共体育服务外包定义为政府为有效实现公共体育服务供给,在与社会组织或市场组织的意愿达成一致的基础上,将特定公共体育服务项目以多种形式外包给特定的社会组织或市场组织。

三、关于公共体育服务合同外包的概念

公共体育服务合同外包的上位概念是公共服务合同外包,公共体育服务合同外包是其上位概念在体育领域的延伸。目前,关于公共服务合同外包的概念,众多学者从不同的角度尝试对其进行界定。美国学者萨瓦斯(Savas,2000)对外包对象进行分类,认为合同外包仅指外包对象为私人部门和非营利部门的合同外包。④ 陈振明(2006)则是基于委托代理关系,认为公共服务合同外包是把民事行为中的合同引用到公共服务领域中来,它的应用是以合同双方当事人协商一致为前提,政府与其他组织一样都以平等主体的身份进入市场,政府的职责是确定需要什么,然后依照所签订的

---

① 汪波.政府购买公共体育服务:国际经验与我国推进路径[J].上海体育学院学报,2014,38(06):25-30.
② 詹兴永.政府购买公共体育服务的国际经验与我国推进路径[J].山东体育学院学报,2015,31(01):14-18.
③ 冯欣欣.政府购买公共体育服务的模式研究[J].体育与科学,2014,35(05):44-48,71.
④ SAVAS E S. Privatization and public-private partnerships[M]. New York:Chatham House Publishers,2000.

合同监督绩效。① 李传军（2007）认为，公共服务合同外包是将政府享有公共服务所有权的项目对外承包给私人部门、非营利组织或委托给其他政府来提供，并以法律合同的形式明确提供服务的质量和数量标准，政府监督合同的执行。② 杨欣（2010）表示，公共服务合同外包是政府以市场竞争等方式，以合同为载体，选择合适的社会组织来转移自身的公共服务职能。③通过上述学者的观点可以确定公共服务合同外包的特征包括以下几点——① 外包主体：政府部门；② 承接主体：政府之外的社会力量，分为私人部门和非营利部门；③ 使用者：社会公民；④ 外包内容：公众日常生活所需的公共服务和产品；⑤ 外包方式：以合同为载体；⑥ 外包目的：降低服务成本、提高服务效率、改善服务质量；⑦ 外包费用：公共财政。由此可见，政府仅将公共服务的生产职能转移出去，需要对合同另一方的履行效果进行监管与评估。

综上所述，通过对公共服务合同外包概念进行界定及对其特征进行系统分析，本书认为公共体育服务合同外包是指政府通过征询、调查、收集等多种真实有效的方式，获取公民的体育需求，然后将部分可行的公共体育服务的生产职能，通过市场竞争机制，以合同为载体，交由相关私人部门或非营利组织承担，相关政府部门按照合同条款支付给承包者相应的费用，并对公共体育服务供给质量与绩效进行评估。

四、关于公共体育服务合同外包中政府责任的概念

"政府责任"是本书的核心概念，政府责任通常可以分为广义的政府责任与狭义的政府责任。广义的政府责任是指政府的职责和义务，陈斌等（2014）将广义的政府责任总结为政府部门及公职人员必须履行法律、社会和国家所要求的义务，换言之，政府应当正确地做事（做法律所允许的事

---

① 陈振明. 竞争型政府：市场机制与工商管理技术在公共部门管理中的应用 [M]. 北京：中国人民大学出版社，2006.

② 李传军. 管理主义的终结：服务型政府兴起的历史与逻辑 [M]. 北京：中国人民大学出版社，2007.

③ 杨欣. 公共服务外包中政府责任的省思与公法适用：以美国为例 [J]. 中国行政管理，2010（06）：19-23.

情）和做正确的事情（做有利于社会和国家的事情）。① 狭义的政府责任主要是指政府问责，张成福（2000）将狭义的政府责任定义为政府机关及其工作人员违反法律规定的义务，违法行使职权时所承担的否定性的法律后果，即法律责任。这种责任与违法相联系，意味着国家对政府机关及其工作人员违法行为的否定性反应和谴责。② 从问责角度出发，政府责任就是一种消极责任，更像是一种外部约束，以保证政府责任的最低限度。所以，结合广义的政府责任与狭义的政府责任两个维度，可以从以下几个角度理解政府责任：首先，有权必有责，政府部门及公职人员行使一定权力的前提就是承担相应的责任；其次，政府应向公民承担责任，及时、公平、有效地回应公众对公共服务的需求；最后，当政府出现不能依法履行义务或违法行使职权等现象时，要承担相应的法律责任。

基于上述学者对政府责任的定义，本书认为公共体育服务合同外包中的政府责任包含广义与狭义两个层面的政府责任，即政府有义务及时、积极、有效地回应公民对公共体育服务的需求，通过合同外包的方式为公民提供低成本、高质高效、公正公平的公共体育服务，在公共体育服务合同外包过程中，政府如果没有按照合同规定依法履行，或履行不好所承担的职责，就要按照相关规定承担相应的法律责任。

第二节　公共体育服务合同外包与相关概念之间的逻辑关系

从公共管理学与体育学两个视角研究公共体育服务合同外包行为会出现两种相似的概念：一种是从公共管理学角度出发，部分学者更倾向于称其为"公共体育服务外包"；另一种是从体育学角度出发，部分学者更倾向于称其为"政府购买公共体育服务"。这两个概念都与"公共体育服务合同外包"有一定的逻辑关系，但是，因公共体育服务合同外包的概念尚未统一，部分学者在研究时并未对三个概念进行明确区分，甚至将它们混为一

---

① 陈斌，韩会君. 公共体育服务外包的政府责任及实现机制论析 [J]. 天津体育学院学报，2014，29（05）：404-408，438.
② 张成福. 责任政府论 [J]. 中国人民大学学报，2000（02）：75-82.

谈。所以，本书将分别解释"公共体育服务外包""政府购买公共体育服务"与"公共体育服务合同外包"之间的内在联系，以便疏通本书的研究思路，为本书接下来的相关研究提供指导方向。

一、公共体育服务外包与公共体育服务合同外包之间的逻辑关系

国内许多学者在对公共服务外包进行研究时，对公共服务外包的内涵界定并不一致，所以作为公共服务外包的外延——公共体育服务外包，其内涵亟待有效界定。合同外包最早来源于民营化，是民营化产物，萨瓦斯将民营化的方式分为三类，即委托授权、政府撤资和政府淡出，而合同外包属于委托授权方式中最为普遍和常见的一种，除了合同外包方式之外，民营化还有多种方式，如图2-1所示。合同外包方式将生产和提供分成两个环节，政府作为提供者，私人部门作为生产者。委托授权有时又称为部分民营化，它要求政府持续而积极地介入，因为政府依然承担着全部责任，只不过把实际生产活动委托给私人部门。委托授权通常通过合同承包、特许、补贴补助或凭单、法律授权等形式来实现。①

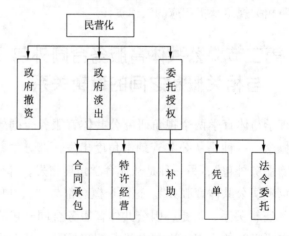

图2-1 民营化的方式

我国公共体育服务外包实质上属于公共体育服务民营化中的一种形式，

---

① 薛裴．公共物品供给的民营化研究［D］．北京：首都经济贸易大学，2006．

公共体育服务民营化大部分采用的是委托授权的形式，其核心就是政府通过委托授权于社会力量，与社会力量建立契约合同式的提供模式。陈斌等（2014）将公共体育服务外包定义为：政府以契约形式，通过市场竞争机制将某些具体的公共服务生产职能委托给具有资质的民营企业、社会组织的一种新型服务供给形式，政府负责外包的战略规划、生产过程的监管、实施绩效的评估和生产费用的支付等。① 公共体育服务合同外包与公共体育服务外包的区别就在"合同"二字上，公共体育服务合同外包是通过合同承包的形式实现公共体育服务外包，所以前者是实现后者的形式之一，公共体育服务合同外包的最大特征就是采用公平竞争、公开招标的形式选择合同的签约对象，这也是其区别于其他方式的关键所在。这种方式的优势在于可以对社会力量的数量放低要求，能够减少政府公开招标的成本，节约政府在人、财、物等方面的相关资源。

二、政府购买公共体育服务与公共体育服务合同外包之间的逻辑关系

在我国公共服务领域，公共服务外包的另一种常用的说法就是政府购买公共服务，而政府购买公共体育服务隶属于政府购买公共服务领域。通过对相关文献的整理发现，国内外许多学者普遍认为政府购买公共服务就是公共服务合同外包②，但是，本书并不认为政府购买公共服务等同于公共服务合同外包，因为政府购买公共服务不仅有合同外包形式，还有政府采购等形式。政府购买公共服务可以从广义和狭义两个层面来界定。从广义上来讲，政府购买公共服务是指政府购买提供给公众的产品和服务，受众群体范围较大，是广大人民群众，购买内容也公之于众；从狭义上来讲，政府购买公共服务是指政府购买维持自身运营所需的产品和服务，受众群体范围较小，通常是各级行政人员，是其办公所需的必要物品，购买内容只须经政府内部人员批准。本书研究的是广义的政府购买公共体育服务，所以从广义角度出发，研究政府购买公共体育服务与公共体育服务合同外

---

① 陈斌，韩会君. 公共体育服务外包的政府责任及实现机制论析 [J]. 天津体育学院学报，2014, 29 (05): 404-408, 438.

② 谢叶寿. 政府向非营利组织购买公共体育服务研究 [M]. 芜湖：安徽师范大学出版社，2017.

包之间的逻辑关系。

我国政府购买公共体育服务的方式多样。起初，王浦劬等（2010）认为政府购买公共服务的方式主要有合同制、直接资助制和项目申请制三种。① 后来，政府购买公共服务逐渐被划分为两大类。王春婷（2012）将政府购买公共服务分为两种方式：直接购买与间接购买。政府与市场或社会组织以合同出租的方式确定购买公共服务，称为直接购买。政府采用分别对公共服务消费者和公共服务供给者进行补贴的方式，称为间接购买。② 贺巧知（2014）也将政府购买公共服务分为直接购买和间接购买两类，直接购买主要包括合同制、直接资助制和项目申请制，间接购买主要是凭单制。③ 基于上述学者对政府购买公共服务方式的总结，本书研究的是广义的政府购买公共体育服务，其主要购买形式有合同制、直接资助制、项目申请制与凭单制四种（图2-2）。

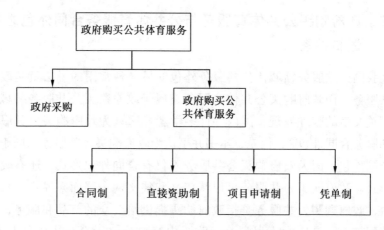

图2-2 政府购买公共体育服务的方式

我国学者对政府购买公共体育服务的方式进行了以下划分，戴俭慧等（2013）从理论和实践层面出发，将我国政府购买体育公共服务的形式分为

---

① 王浦劬，萨拉蒙，艾里什，等. 政府向社会组织购买公共服务研究：中国与全球经验分析［M］. 北京：北京大学出版社，2010.
② 王春婷. 政府购买公共服务绩效及其影响因素的实证研究：基于深圳市与南京市的调查分析［D］. 武汉：华中师范大学，2012.
③ 贺巧知. 政府购买公共服务研究［D］. 北京：财政部财政科学研究所，2014.

合同外包制、直接资助制和项目申请制。① 谢叶寿（2017）认为，目前我国政府购买公共体育服务的具体方式主要有合同外包制、项目申请制、直接资助制与凭单制。② 还有部分学者依据政府购买公共体育服务的特性和内容将其划分为更加具体的方式，汪波（2014）认为对于一些体育设施的运营，可以采取公私合作的方式，即通常所说的公办民营或民办公助的方式；对于一些体育技能培训，则可以选取凭单制方式；对于一些针对残疾人、老年人等弱势群体的专项公共体育服务，则可以采取政府补助方式。另外，还要根据公共体育服务的属性（硬服务或软服务），确定在政府购买中是采用委托购买还是竞争性招标购买。③ 胡伟（2016）认为可以根据公共体育服务的特性来划分购买方式，如"硬公共体育服务"的购买采取公开招标方式，而"软公共体育服务"的购买则采取邀请招标、竞争性谈判、单一来源采购等方式。④ 张大超等（2017）认为依据《中华人民共和国政府采购法》，政府采购方式可分为公开招投标、邀请招投标、竞争性谈判、单一来源采购、询价及其他采购方式，但政府购买公共体育服务要在了解各种采购方式的基础上根据具体的购买内容、承接主体情况、受益主体需求等因素对其做出科学合理的选择。⑤ 虽然，我国学者从不同角度对政府购买公共体育服务的方式进行了阐述，但是始终没有脱离合同制、直接资助制、项目申请制和凭单制这四种购买方式。其中，合同制是本书的核心关键词和重要内容之一。公共体育服务合同外包是指政府根据公民需求制定公共体育服务购买目录、质量标准和资金规模，将公共体育服务的生产通过公开招标的形式外包出去，买卖双方签订合同，明确购买者和承包者各自的职责，购买者依据合同对承包者的活动进行监督和管理。所以，本书认为政府购买公共体育服务与公共体育服务合同外包之间的关系为后者是前者的具体行为方式之一。

---

① 戴俭慧，高斌. 政府购买体育公共服务的行为分析 [J]. 体育学刊，2013，20（02）：35-38.
② 谢叶寿. 政府向非营利组织购买公共体育服务研究 [M]. 芜湖：安徽师范大学出版社，2017.
③ 汪波. 政府购买公共体育服务：国际经验与我国推进路径 [J]. 上海体育学院学报，2014，38（06）：25-30.
④ 胡伟. 论我国政府购买公共体育服务制度的完善 [J]. 体育与科学，2016，37（01）：30-39.
⑤ 张大超，杨娟. 我国政府购买公共体育服务的现实困境和发展对策 [J]. 体育科学，2017，37（09）：3-15，27.

第三节 本书的相关理论依据

一、新公共管理理论

新公共管理理论主张"合同主义",即政府可以通过与私人部门、社会组织,或者政府内部的其他部门签订合同的方式提供公共服务,这种通过签订合同来提供公共服务的方式可以确保签约人在合同条款许可范围内行事。① 新公共管理理论为公共服务合同外包的产生和发展奠定了坚实的理论基础。莱恩在他的《新公共管理》一书中分析了合同制中政府的作用,以及契约型治理机制中政府的各种不同角色,这其中的主要变化就包括政府作为合同缔结者的角色的界定,政府作为合同的签订者,一旦违约,也要与其他任何缔约者一样承担违约责任。② 所以,本书在新公共管理理论的基础上,对公共体育服务合同外包中的政府责任进行研究,明确政府要做什么、提供什么及一旦合同失败要承担的责任是什么。

二、新公共服务理论

登哈特夫妇在《新公共服务:服务,而不是掌舵》一书中阐释了新公共服务的内涵,其中核心原则就是服务而不是掌舵,主张建设服务型政府。但是,新公共服务理论同时也意识到了政府部门责任的现实性与复杂性,政府传统的功能、政府提供公共服务的方式等问题并不简单。新公共服务理论要求政府部门在引入市场机制时,不应当仅仅关注市场,更应关注宪法和法令,关注社会价值、政治行为准则、职业标准和公民利益。新公共服务理论提出责任不是单一的原则,这为公共体育服务合同外包中政府责任的研究提供了理论支撑。

三、合同治理理论

合同治理理论以合同关系为核心概念。作为合同的当事方,政府与非营利组织、企业等具有平等的地位,符合要求的社会力量都有参与竞争的

---

① 麻翠翠. 善治视角下公共服务外包中政府责任研究 [D]. 长春:吉林大学,2016.
② 莱恩. 新公共管理 [M]. 赵成根,等译. 北京:中国青年出版社,2004.

机会。在合同治理理论中，强调不再是政府的单向决定和强制性行为，而是双方自愿达成共识并签订合同。在公共体育服务合同外包过程中是通过协调实现治理，而不是通过控制实现治理，并且作用于项目的制度安排层面，使相关主体能够保持持续互动，从而构建一个多元主体参与社会治理的治理体系，符合政府治理能力现代化的要求。

四、委托代理理论

在公共体育服务合同外包中存在两种委托代理关系，一种是存在于公众与政府之间的行政委托，另一种是存在于政府与社会力量之间的经济委托。但是，委托代理理论是建立在非对称信息博弈论基础上的，具有契约不完备性。无论是哪一种委托代理关系都可能因委托人与代理人之间的信息不对称和利益不同，而引发双方的欺骗行为，造成公共体育服务合同外包风险，这既是造成公共体育服务合同外包中政府责任缺失的原因之一，也是建立政府责任实现机制必要性的理论支撑。

本章小结

本章首先界定了公共体育服务外包等一系列核心概念，分别分析了公共体育服务合同外包与公共体育服务外包、政府购买公共体育服务之间的逻辑关系。公共体育服务外包实质上属于公共体育服务民营化中的一种形式，在对其进行分析的过程中，提出了新公共管理理论、新公共服务理论、合同治理理论和委托代理理论等理论依据。

第三章 我国公共体育服务合同外包中的政府责任研究

我国公共体育服务合同外包中政府应承担哪些责任是本书的重要内容。当然，在进一步清晰界定政府责任之前，需要明确以下两个问题：第一，公共体育服务合同外包中政府责任的来源；第二，公共体育服务合同外包中政府的角色定位。对这两个问题进行解释，有利于明确政府在公共体育服务合同外包中的职责边界，也使政府责任变得有迹可循。

第一节 我国公共体育服务合同外包中政府责任的来源

一、法律制度

（一）《中华人民共和国宪法》

《中华人民共和国宪法》第107条规定：县级以上地方各级人民政府依照法律规定的权限，管理本行政区域内的经济、教育、科学、文化、卫生、体育事业、城乡建设事业和财政、民政、公安、民族事务、司法行政、计划生育等行政工作。因此，我国地方政府具有对当地公民提供公共体育服务的责任。

（二）《中华人民共和国政府采购法》

《中华人民共和国政府采购法》的颁布是为了规范政府采购行为，提高政府采购资金的使用效益，维护国家利益和社会公共利益，保护政府采购当事人的合法权益，促进廉政建设。虽然公共体育服务合同外包与政府采购有一定区别，但《中华人民共和国政府采购法》是公共体育服务合同外包中政府责任的参考法律。《中华人民共和国政府采购法》规范了采购当事人，也就是政府的相关工作，主要从财政预算、采购内容、采购方式、采购程序、采购合同等方面对政府采购工作进行规定。例如，政府采购限额标准，属于地方预算的政府采购项目，由省、自治区、直辖市人民政府或者其授权的机构确定并公布。采购人依法委托采购代理机构办理采购事宜的，应当由采购人与采购代理机构签订委托代理协议，依法确定委托代理的事项，约定双方的权利义务。政府采购合同继续履行将损害国家利益和社会公共利益的，双方当事人应当变更、中止或者终止合同。有过错的一方应当承担赔偿责任，双方都有过错的，各自承担相应的责任。《中华人民共和国政府采购法》对政府在购买过程中需要做什么和承担哪些责任进行了大致规划，公共体育服务合同外包与政府采购的服务主体不同，但购买主体相同，购买程序相差不大。目前，我国并没有出台政府购买公共体育服务的相关法律法规，所以，《中华人民共和国政府采购法》是公共体育服务合同外包中政府责任的重要来源。

（三）《关于政府向社会力量购买服务的指导意见》（国办发〔2013〕96号）和《政府购买服务管理办法》（财政部令第102号）

《关于政府向社会力量购买服务的指导意见》和《政府购买服务管理办法》是与公共体育服务合同外包更接近的相关性指导文件。《关于政府向社会力量购买服务的指导意见》更强调政府在向社会购买公共服务时的目标责任，把握了政府向社会组织购买公共服务工作的总体方向。《政府购买服务管理办法》阐明了政府购买服务的基本原则、购买主体和承接主体、购买内容和目录、购买活动的实施、合同及履行、监督管理和法律责任，明确指出政府在购买公共服务中具有财政预算管理和绩效监管责任，同时指出财政、审计等有关部门应当加强对政府购买服务的监督、审计，确保政府购买服务资金规范管理和合理使用。对截留、挪用和滞留资金等财政违法行为，依照《中华人民共和国政府采购法》《财政违法行为处罚处分条例》等法律法规追究法律责任；涉嫌犯罪的，移送司法机关处理。

二、政府自身

从政府的原则来看，政府以对人民全面负责为基本原则。从政府的行为特点来看，政府一般以公共利益为服务目标，在阶级社会中，政府以统治阶级的利益为服务目标，其行为主要发生在公共领域。从政府的职能来看，政府具有社会公共服务职能，即政府提供公共服务、完善社会管理的职能。这类事务一般具有社会公共性，无法完全由市场解决，应当由政府从全社会的角度加以引导、调节和管理。根据政府的原则、行为特点及职能，政府有向公民提供公共体育服务的职能，并且在公共体育服务合同外包中始终要坚持"以人为本"的服务理念，要以实现公民的公共利益为目标，积极回应公民对公共体育服务的需求。由此可见，公民是公共体育服务合同外包中政府所需要负责的最重要的主体，保证对公民提供公平、有效的公共体育服务是政府的主要责任。

在公共体育服务合同外包中，政府如何落实向公民积极提供既公平又有效的公共体育服务的责任？在坚持将"以人民为中心"的原则贯穿整个公共体育服务合同外包过程的前提下，政府需要做到以下几个方面：首先，为了保证为公民提供有效的公共体育服务，政府需要民主地履行决策责任和绩效考核责任；其次，政府需要履行对合同的监督责任，以保障社会力量所提供的服务具有公平性；最后，如果政府未能提供公平且有效的公共体育服务，这意味着政府并没有实现对公民的服务责任，政府理应受到问责。

三、合同约束力

公共体育服务合同外包的一个重要特征是以合同为载体，依法成立的合同，对当事人既有履行效力，又有约束力。合同效力又称合同所具有的法律约束力，更偏指合同当事人所要履行的义务，在公共体育服务合同外包中，政府应当履行合同规定的义务，如在规定的时间内支付资金、配置资源等，以保证公共体育服务合同外包顺利进行。合同约束力是法律赋予合同对当事人的强制力，即当事人若违反合同约定的内容，就会产生相应的法律后果，包括承担相应的法律责任。例如，在公共体育服务合同外包中，政府如果出现无故终止合同、拖欠财政资金等行为，都应承担违约责任。政府作为合同当事人的其中一方，必须按照合同约定履行相应的义务，对签订的合同负责，如果政府违反国家法律签订合同，那么不仅不能维护自身利益，反而会因为违法而受到处罚，最终承担相应的法律责任。另外，公共体育服务合同外包具有行政属性，作为购买人的政府居于行政主导地位，因此合同双方的权利和义务是不对称的，然而这种特权的行使要以维护与发展公共利益为基础，对行政特权行使而致行政相对人合法权益受损的，政府必须予以补偿。①

第二节　我国公共体育服务合同外包中政府角色的定位

公共体育服务合同外包中政府的角色转变使政府在公共体育服务合同外包中的责任同时发生变化。在传统的公共体育服务供给方式中，公共体育服务由政府内部直接生产，政府充当了公共体育服务的生产者和提供者的角色，但是，当在公共体育服务提供的过程中引入竞争机制，并通过签订合同的方式来提供公共体育服务时，政府的角色则发生了新的变化。深化行政体制改革要求我国政府加快职能转变，"服务型政府"在公共体育服务合同外包中的作用日益突出。政府在公共体育服务合同外包中的角色转变也改变了其责任。

一、合同主体

与政府购买公共体育服务的其他方式相比，在公共体育服务合同外包中政府成为合同主体。政府一旦通过与社会力量签订合同的方式提供公共体育服务，便成为合同当事人，由于合同的法律性质，政府的行政特权便会弱化，即使公共体育服务合同外包属于行政合同，但是在合同履行阶段，合同当事人的地位趋于平等，它们都需要履行合同规定的具体义务与责任，政府的传统优势地位和特权角色发生较大变化，但是政府并未真正丧失行政特权。政府作为合同主体，其行政特权转化为对合同内容、合同承接主体的决策权，对合同履行的管理权和监督权及对不履行或不适当履行合同义务的主体的制裁权等其他权利，所以在公共体育服务合同外包中，政府的行政特权赋予政府更多不同的角色。

二、间接提供者

公共体育服务合同外包是政府根据公民的体育需求，将部分公共体育服务和产品的生产职能，通过市场竞争机制，以合同为载体，交由私人部

---

① 谭朴珍. 政府购买公共服务的行政法治化研究［D］. 上海：华东政法大学，2014.

门或非营利组织承担，相关政府部门按照合同条款支付给承包者相应的费用。由此可见，即使公共体育服务的生产职能被外包给社会力量，但政府仍然承担向公民提供公共体育服务的职能，只不过是从直接提供者变为间接提供者。因此，这并不会改变政府的主体责任，相反，政府职责会增加。间接提供与直接提供最大的区别就在于，在间接提供下，政府不参与公共体育服务和产品的生产环节，在对提供的公共体育服务和产品无法及时确认的情况下，政府部门必须要对社会力量所提供的公共体育服务和产品进行监管、评估。

三、决策者

政府决策者的角色非常关键，政府做出的每一个决策都会影响到公共体育服务的使用者——公民的使用感受。在公共体育服务合同外包中，政府实际上是在替公民做决策，选取更加优质的服务和产品。提供什么、怎么提供、提供的数量和质量都需要政府进行决策，在传统公共体育服务提供方式转变为公共体育服务合同外包方式后，政府不仅要决定提供什么样的公共体育服务、如何提供等一系列内容，还要根据合同外包适用范围选择提供的公共体育服务项目。政府部门选择合同外包不仅要考虑交易成本、监督成本和是否存在竞争性市场等多种前提，还要结合各个地方的经济发展水平和当地公民的体育需求，政府只有通过多方面的综合考量，才能制定出科学的公共体育服务合同外包项目目录。除此之外，政府还需要根据合同外包的项目确定是采用竞争性合同外包还是非竞争性合同外包，并规范地制定公共体育服务外包合同的内容。

四、服务购买者

在公共体育服务合同外包期间，政府出资向社会力量购买公共体育服务和产品，公共体育服务合同外包使政府与社会力量之间的关系转变为买卖关系，政府充当公共体育服务购买者的角色。早期，缓解政府财政压力是西方发达国家实行公共服务合同外包的外部动因，通过引入市场竞争的方式，用较低的成本买到优质的公共体育服务和产品，以此提高公共体育服务供给效率。这是公共体育服务合同外包方式的最理想状态。但是，市场竞争程度弱、公私部门利益冲突、委托代理机制存在弊端、监管不到位等多种因素,都会造成公共体育服务合同外包的无效供给。所以,精明的购买者需要考虑购买的公共体育服务和产品是不是公众所需,以及提供公众所需的公共体育服务和产品的市场规模有多大,并进一步了解市场价格和估算成本,此外,还需要评估自己是否能做到有效监管及监管成本的高低,只有这样才能做到公共效益和经济效益并存。

五、合同监管者

监管可以拆分为监督和管理两层含义,所以政府在公共体育服务合同外包中具有合同监督者和合同管理者两个角色。政府对公共体育服务合同外包进行监督,是因为社会力量的天然属性决定其以营利为目的,以追求自身利益最大化为目标,这与政府选择公共体育服务合同外包的目的不同,基于这个天然属性,社会力量可能会偏离公共目标,对公共体育服务合同外包中所要完成的工作偷工减料,逃避公共体育服务合同外包的社会责任。因此,为了促使社会力量更有效地履行合同内容,政府应当成为公共体育服务合同外包的监督者,通过合同本身的法律效力,对社会力量进行监督。政府对公共体育服务合同外包进行管理,是因为公共体育服务合同外包的合同主体中有一方是行政机构,并且公共体育服务合同外包的目的是给公民提供高质量和高效率的公共体育服务,所以公共体育服务外包合同属于行政合同范畴。从政府自身层面来讲,行政合同的目的是实施行政管理,行政主体签订行政合同的目的是实现行政管理职能,维护公民的公共利益。公共体育服务合同外包的流程复杂,有些工程和项目周期很长,政府要在公共体育服务合同外包中充分发挥管理者角色的作用,对各个环节进行提前规划,明确公共体育服务合同外包的整体流程,节省不必要的成本,避免资源浪费。

第三节 我国公共体育服务合同外包中政府的具体责任

一、目标责任

公共体育服务合同外包的目标是对公共体育服务合同外包预期结果的

主观设想，为公共体育服务合同外包工作指明方向，具有维系组织各个方面关系，构成组织方向核心的作用。我国在颁布各类政策、意见或规划时，都会将发展目标罗列在前面，公共体育服务合同外包的相关政策也无例外。中央层面在《关于政府向社会力量购买服务的指导意见》中提出的主要目标任务是：到2020年，在全国基本建立比较完善的政府向社会力量购买服务制度。上级目标任务的确定有利于下级相关部门迅速把握现阶段工作的重点，并根据各地区的实际情况，结合相关政策制定地方工作目标。如苏州市在制定政府购买公共体育服务项目目录时，就会以上级颁布的纲领性文件为工作指导并确定主要工作目标。由此可见，无论是在国家层面还是在地方层面，明确主要工作目标都是在执行一项计划时必不可少的环节。

公共体育服务合同外包中政府的目标责任可以理解为：不同的责任中心（相关政府部门）在公共体育服务合同外包考核期内应达到的目标。目标责任既是政府部门的工作也是任务，明确目标责任的内容，不仅可以为公共体育服务合同外包工作指明方向，还可以提升参与主体的凝聚力。当公共体育服务合同外包的目标充分体现参与主体的共同利益，并与参与主体的目标保持一致时，它能极大地激发参与主体的工作热情、献身精神和创造性。公共体育服务合同外包作为新时代提供公共体育服务的主要方式之一，参与主体多元，方式多样，内容复杂，所以政府部门在公共体育服务合同外包中的目标责任也相对丰富。具体来说，公共体育服务合同外包的目标责任主要有以下两点：

首先是要实现公共性与效率性的统一。公共性是公共体育服务的核心属性，它包括公共体育服务利益取向的公益性和资源配置的公平性。所以，公共体育服务供给的首要目标是保障每一位公民都能够实现公共体育利益，无论用何种方式向公民提供公共体育服务，都要以保障所有公民均能有享受体育服务的权利与义务为前提。而选择合同外包方式提供公共体育服务的主要原因是利用市场的竞争优势，节约生产成本和提升服务质量，从而提高政府的公共体育服务供给效率。其实，从政府责任的角度来讲，公共体育服务供给的公共性与效率性本身并不冲突，政府的价值取向也赞同用最小的成本获取最优质的公共体育服务。但是，当生产者由政府转变为社会力量，通过合同外包方式来提供公共体育服务时，社会力量的效率性和公民的公共性就会相互冲突，社会力量生产公共体育服务和产品追求的效率与政府追求的效率并非完全一致，过度追求效率就会出现相关资源分配不均，造成公民权益受损。

其次是要加快转变政府职能，深化行政体制改革，正确处理好政府与市场的关系。公共服务是政府深化行政体制改革、推动市场化进程的重点领域。中央层面在《关于政府向社会力量购买服务的指导意见》中强调，要牢牢把握在改善民生和创新管理中加强社会建设的要求，进一步放开公共服务市场准入，改革创新公共服务提供机制和方式，并提出到2020年，在全国基本建立比较完善的政府向社会力量购买服务制度，形成与经济社会发展相适应、高效合理的公共服务资源配置体系和供给体系。而公共体育服务合同外包是政府在公共体育服务领域转变政府职能、推动市场化改革的重要手段。为真正落实在公共体育服务合同外包中的政府体制改革的目标责任，一方面，政府要做到确保市场在公共体育服务资源配置中起决定性作用，推动公共体育服务资源配置依照市场规则、市场价格和市场竞争进行，以实现公共体育服务效益最大化和效率最优化；另一方面，政府要更好地发挥其在弥补市场失灵方面的作用，加强和优化公共体育服务合同外包机制、保障公共体育服务合同外包中竞争的公平、加强对参与公共体育服务合同外包的社会力量的监管，从而推动公共体育服务合同外包的可持续发展。

明确公共体育服务合同外包中政府的目标责任看似简单，实则尤为复杂。公共体育服务合同外包的目标责任不是一个独立的责任机制，在明确公共体育服务合同外包中政府的总目标责任后，政府还需要根据明确后的总目标责任制定公共体育服务合同外包中政府的各种相关目标责任，并与公共体育服务合同外包中政府的相关责任相结合，以保证公共体育服务合同外包中政府目标责任的实现。除此之外，政府还需要明确公共体育服务合同外包目标的内容、数量、质量、时间等要求，使政府的目标责任具体化、指标化，以便于公共体育服务合同外包的执行、检查和考核。而在明确公共体育服务合同外包中政府的目标责任的同时，还要根据各相关政府部门的目标责任，授予其适当的权力，并为其分配实现目标所必需的相关资源，以保证公共体育服务合同外包目标的实现。

二、决策责任

基于新公共服务理论中掌舵而不是划桨的基本原则，在公共管理过程中，政府的角色转变为领导者和决策者。决策是指决定策略或者办法，它是一个信息搜集、加工，最后做出判断、得出结论的过程。公共体育服务合同外包的决策同样是一个搜集公众需求，结合当地实际情况，最后得出公共体育服务合同外包中"外包什么、外包多少、谁来外包"等问题结论的过程。当然，上述问题主要集中在公共体育服务合同外包前期的合同形成阶段和合同缔结阶段。

一般来讲，公共体育服务合同外包的决策分为以下四个阶段：

第一个阶段是问题识别阶段，政府需要了解哪些公共体育服务项目是公民想要由合同外包形式来提供的，确立问题所在，提出决策目标。了解公民公共体育服务需求的过程，实际上是坚持了以人民为中心的原则，可以为公共体育服务合同外包的内容拟一个大概的轮廓，使公众有效地参与到政府的决策中来。

第二个阶段是问题诊断阶段，政府需要进行信息收集，此处收集的信息包括：是否存在符合条件的承接商，有多少这样的承接商，能否形成市场竞争，估算的生产成本和了解到的市场价格。根据这些前提条件再来确定哪些公共体育服务项目是可以进行合同外包的，之后，便可以选择适合公共体育服务外包的项目，拟定公共体育服务合同外包项目目录，拟订相关的合同外包方案，确定公共体育服务供给的标准，评估备选方案，预测可能出现的状况并提出解决措施。

第三个阶段是行动选择阶段，也就是政府通过招投标等方式，从各种社会力量中筛选出最优承接商，在双方自愿的情况下，签订公共体育服务外包合同，建立合作关系。承接商的选择是政府决策的关键环节，政府应全面衡量，谨慎决策。

第四个阶段是追踪检查、控制阶段，这个阶段政府的决策责任主要包括：决定监督组织的构成；通过对某个公共体育服务合同外包项目的效果进行考察，决定此项目在第二年是否依旧可以进行合同外包。

另外，公共体育服务合同外包中政府的宏观决策责任主要是由中央政府承担的。中央政府是公共体育服务合同外包的领导者，出台相关政策文件，这有利于地方政府准确把握公共体育服务合同外包的发展方向、规范开展公共体育服务合同外包工作的程序、扎实推进公共体育服务合同外包工作。在绝大多数情况下，地方政府的决策依据主要来自中央政府下发的相关文件，在参考中央政府的相关政策后，地方政府制定当地公共体育服务合同外包的具体实施办法。

三、财政责任

公共体育服务合同外包是政府部门以签订合同的方式，向社会力量购买公共体育服务和产品，政府部门作为购买主体要按照合同条款支付给承包者相应的费用，即政府需要承担的财政责任。政府的财政责任是指相关行政部门行使财政管理职权，对公共体育服务供给承担的职责和义务。相关行政部门如何行使财政管理权、落实财政责任是公共体育服务合同外包中的重难点。重点在于，财政资源贯穿整个过程，是公共体育服务合同外包正常运行的物质保障；而难点在于，正是因为财政资源是公共体育服务合同外包每个阶段的必需品，所以如何合理分配有限的公共财政资源成为相关行政部门落实财政责任的巨大挑战。

在确立公共体育服务合同外包中政府需要承担相应的财政责任后，迫切需要对政府的财政责任进行具体分析。首先，需要确定承担财政责任的主体。在公共体育服务合同外包中，财政责任主要由购买公共体育服务的购买主体和具体行使财政管理权的财政部门共同承担。它们主要负责公共体育服务合同外包的财政预算编排、发放、监督等相关事宜。其次，需要确定财政资源的来源。公共体育服务合同外包的费用主要由财政资金（公共体育彩票资金）列支，在公共财政预算安排中统筹考虑。随着政府提供公共体育服务的发展所需增加的资金，按照预算管理要求列入公共财政预算。最后，需要确定在公共体育服务合同外包中，相关政府部门负责的具体事务。

《关于政府购买服务有关预算管理问题的通知》（财预〔2014〕13号）对推进政府购买服务有关预算管理工作提出以下要求：

（1）妥善安排购买服务所需资金。公共体育服务的购买需求由购买主体提出，购买主体要对购买项目的经费进行预算，这些预算包括公共体育服务合同外包中的信息成本、谈判与决策成本、监督成本、违约与转换成本等，经过资金预算，对比市场价格，选择适合合同外包的项目。接着上报财政部门审核并列入年度计划，这时，财政部门需要履行对公共体育服务合同外包项目的预算成本审核责任，只有财政部门审核通过的购买需求才能被执行。

（2）健全购买服务预算管理体系。购买主体和财政部门应立足成本效益分析，逐步在预算编报、资金安排、预算批复等方面建立规范的流程。

（3）强化购买服务预算执行监控。购买主体和财政部门要对公共体育服务合同外包进行全过程跟踪，对合同履行、绩效目标实施等进行监督，发现偏离目标要及时采取措施予以纠正，确保资金规范管理、安全使用和绩效目标如期实现。

（4）推进购买服务预算信息公开。严格执行《中华人民共和国政府信息公开条例》有关规定，建立健全购买服务信息公开机制，及时将合同外包的服务项目、服务标准、服务要求、服务内容、预算安排、购买程序、绩效评价标准、绩效评价结果等购买服务预算信息向社会公开，提高预算透明度，回应社会关切，接受社会监督。

（5）实施购买服务预算绩效评价。公共体育服务合同外包的预算绩效评价是全过程预算绩效管理的有机组成部分。相关部门要大力推进购买服务预算绩效评价工作，将预算绩效管理理念贯穿于购买服务预算管理全过程，强化部门支出责任，加强成本效益分析，控制降低公共成本，加强绩效评价和结果应用。

（6）严格购买服务资金监督检查。使用购买服务预算资金要严格遵守相关财政财务管理规定，不得截留和挪用财政资金。要加强对政府购买服务预算资金使用的监督检查，适时开展抽查检查，确保预算资金的规范管理和合理使用。对发现的违法行为，依照《财政违法行为处罚处分条例》（国务院令第427号）等有关规定追究法律责任。

四、监管责任

一方面，根据新公共管理理论与合同治理理论，当政府将市场竞争机制引入公共体育服务领域时，政府职能由传统的公共体育服务提供职能转变为政策制定和服务监督职能，进而政府承担起公共体育服务合同外包的监管责任。另一方面，政府部门的监管是为了规避风险。在公共体育服合同外包中风险是多样的,虽然将市场竞争机制引入公共体育服务合同外包有利于提升公共体育服务供给质量和效率,但是仍然存在市场失灵、结党营私等风险。① 无论是业内专家的观点还是西方国家的实践经验都表明,政府购买公共服务能否成功,政府监管是否到位是关键因素之一。

在公共体育服务合同外包中,政府是一个复合的监管主体,政府既是监管者,又是被监管者。对公共体育服务生产者的监管是政府最容易意识到的监管责任,因公共体育服务和产品的"公共"性质、市场不断追逐利益最大化的特征、体育社会组织发展尚不成熟的现状等因素,体育行政部门在采用合同外包方式完成公共体育服务和产品供给的过程中,始终坚守自己的责任和义务,发挥严格的监督功能。② 实施监管的主要目的是保证公共体育服务合同外包的整个过程的合理性与合法性,使提供的服务和产品质量得到保障。公共体育服务合同外包的监管方式主要有以下三种:第一种是承接商的报告。即承接商以报告的形式,定期向购买主体汇报公共体育服务合同外包项目的相关事宜,如财政支出明细、工作完成进度等,政府通过承接商送交的报告对其任务完成情况进行实际考察。第二种是过程中的合同监管。这是指依照合同的规模、内容、制定时间、标准和提供的公共体育服务项目的特质,进行定期检查,以保证承接商在规定的时间内有效地完成公共体育服务和产品的提供。第三种是承接商的绩效评估。这种方式与前两种方式相比更注重效果化,承接商的报告和过程中的合同监管是在执行阶段进行监管,重视的是合同外包的过程监管。而承接商的绩效评估这种方式运用于合同终止阶段,政府的责任是根据承接商工作的完成情况、完成效果,对此次公共体育服务合同外包进行绩效评估。其中,公众满意程度也是公共体育服务合同外包绩效评估的重要指标。所以,尽管这种监管方式是以结果为导向,不具备动态形式,但是就目前来讲,却最能直接反映公民对公共体育服务合同外包的真实使用感受。

政府部门虽然重视对公共体育服务生产者的监管,但自我监管意识较弱,这是因为公共体育服务外包合同属于行政合同,其目的是保证公民的

---

① 邰鹏峰.政府购买公共服务的监管成效、困境与反思:基于内地公共服务现状的实证研究[J].辽宁大学学报(哲学社会科学版),2013,41(01):95-99.
② 李荣日,刘宁宁.体育公共产品服务外包:风险识别、监管与规避[J].武汉体育学院学报,2016,50(01):36-43.

体育利益更好地实现,所以政府在公共体育服务合同外包中享有主导特权和一定的行政特权,而这些特权往往会让政府部门忽视自己应履行的职责和义务,疏于对自己的监管。一方面,政府部门的自我监管有利于公共体育服务合同外包工作规范、合法、透明地开展,提高政府的公信力;另一方面,公共体育服务合同外包工作涉及的相关政府部门较多,许多环节需要多个政府部门共同参与,大多数政府部门只愿意完成本部门的行政职责,所以政府部门的自我监管有利于避免政府部门内部的职责推卸,提高政府部门的责任意识。公共体育服务合同外包的监管内容是参与公共体育服务合同外包的政府部门及相关的公职人员的行为和工作完成情况。① 即跟踪和实时监督公共体育服务合同外包中的购买行为是否合法、合规、合理,公职人员是否遵守法律制度。按照合理的程序和合法的手段进行公共体育服务合同外包,就是要求在公共体育服务合同外包中遵守政府采购行为准则和规定,在法律允许的范围内开展相关的活动。

五、培养责任

在公共体育服务合同外包中,政府的培养责任是指对公共体育服务合同外包的承接主体进行培养。对政府培养责任的分析可以从宏观和微观两个层面展开。从宏观层面来讲,政府对社会组织的培养不仅是深化我国行政管理体制改革的基本要求,也是深化体育治理能力现代化改革的落地举措。探索公共体育服务生产职能转移的合适承接主体和承接方式是推动我国行政管理体制改革的重要方式,只有形成多元参与的公共体育服务供给格局,政府才能在公共体育服务职能上实现放权与分权。大部分社会组织具有公益性特征,是最适合承接提供公共体育服务职能的候选人,但是我国社会体育组织数量较少,资金来源有限,这就要求各级政府建立与社会体育组织合作的纽带,主动为其提供重要资源和权力,通过政府的积极培养,实现其在公共体育服务合同外包中的作用,进而深化我国行政管理体制改革。目前,随着国家对社会组织的重视和国家现代化治理理念的深入,国家已经出台《关于改革社会组织管理制度促进社会组织健康有序发展的

---

① 印道胜. 政府公共服务合同外包的监管问责机制研究:以长沙市为例 [D]. 南京:南京理工大学, 2018.

意见》《体育类民办非企业单位登记审查与管理暂行办法》，社会组织发展进入活跃期，它们不仅承接政府生产职能，也是现代社会治理的重要主体。

从微观层面来讲，政府的培养责任是为社会组织提供信息、资源、政策指导和回应社会组织的需要。为了使公共体育服务合同外包更好地发展，政府承担了培养社会体育组织的责任，这主要是由公共体育服务合同外包的特点和我国承接主体——社会力量的发展现状所决定的。从培养社会组织来讲，公共体育服务合同外包的成功需要有一定的竞争市场，并且需要由具备一定承接能力和具有独立主体的社会组织来承接，但是目前我国社会组织处于数量少、独立性差、承接能力不足的状况，参与公共体育服务合同外包并形成竞争优势还有一定的难度。因此，政府应当对参与公共体育服务合同外包的社会组织实施边培育边发展的培养模式，具体可以通过政策鼓励、资金补贴、完善相关法律制度保障等方式，帮助社会组织实现自身的"造血"功能。从培养公共体育服务合同外包承接主体来讲，公共体育服务合同外包中的承接主体不只有第三方力量——社会组织，私人企业也是公共体育服务合同外包中的重要承接主体，政府对私人企业的培养主要在于道德意识、志愿精神和社会责任的培养。私人企业和非营利的社会组织不同，长期以来以"经济人"的角色谋取自身发展，其公益性和公共意识淡薄。虽然企业是以营利为目的，是通过各种生产要素向社会提供服务的社会经济组织，但作为社会的一个组成单元，同样利用并消耗着社会公共资源，因此，在追逐经济效益之外，企业应当树立一定的社会责任意识，担负起相应的责任。[①] 而我国公共体育服务合同外包还处于发展初期，当公共体育服务合同外包法律制度和保障体系还不成熟时，政府作为公共体育服务合同外包的主要领导者和管理者，应当承担起对公共体育服务合同外包的承接主体的道德意识、志愿精神和社会责任的培养责任。

六、担保责任

台湾学者林明锵将"担保国家"的概念定义为：私人参与公共任务的履行时，国家对该公共任务（非国家任务）的确实完成所应负担的保证责

---

① 高慧芳. 地方政府购买公共服务的责任问题研究 [D]. 呼和浩特：内蒙古大学，2018.

任。据此，我们可以将公共体育服务合同外包中政府的担保责任理解为：当社会力量以合同外包的形式参与公共体育服务供给任务时，政府对该公共体育服务合同外包工作的确实完成所应负担的保证责任。公共体育服务合同外包中政府担保责任的产生是由于政府由公共体育服务的直接提供者转变为间接提供者，当政府将自己生产公共体育服务的职能转移给社会力量时，政府就要承担间接提供公共体育服务的责任。在明确政府在公共体育服务合同外包中的担保责任后，还需要解决两个问题，即政府为什么要承担公共体育服务合同外包中的担保责任和在公共体育服务合同外包中政府担保的内容是什么。

政府为什么要承担担保责任，这一问题可以用委托代理关系来解释。委托代理关系建立在非对称信息博弈论的基础上，描述了一种信息不对称条件下的交易关系，是指代理人在拥有委托人不知道的信息的情况下进行交易，这种信息不对称成为公共体育服务合同外包中的安全隐患。在公共体育服务合同外包中存在两层委托代理关系：

第一层委托代理关系是政府与公民之间的行政代理关系。虽然政府与公民作为公共体育服务委托代理的双方，但公民与政府之间并无明确的签约，所以我们把第一层委托代理关系称为隐性委托代理关系，从非对称信息的内容来看，又可称其为隐藏信息模型。政府作为公共体育服务的代理人，有其自身利益，并占有信息优势，在作为委托人的公民难以对政府进行有效监督的情况下，政府可凭借信息不对称优势偏离公民公共体育服务需求目标而寻求自身利益。在这层委托代理关系中，政府部门可能出现的代理问题是腐败、合谋、偷懒，这些问题会使政府无法对公民提供有效的公共体育服务。因此，在这种环境下，政府所需要担保的内容就是保证公民可以真正获得政府部门提供的有效公共体育服务，当政府部门无法实现提供有效公共体育服务这一目标时，政府部门就要承担相应的责任。

第二层委托代理关系是政府部门与社会力量之间的经济代理关系。由于公民对公共体育服务的需求日渐多元化，许多公共体育服务和产品是政府无法提供或者即使提供也是效率极低的，而这些公共体育服务和产品更适合由社会力量提供，所以，政府部门为了保证公共体育服务的有效供给，选择以合同外包的方式让社会力量参与进来，在这个过程中，政府部门与社会力量便形成了第二层委托代理关系。公共体育服务合同外包中的第二层委托代理关系是指政府部门作为委托人，将公共体育服务的生产委托给社会力量，社会力量成为公共体育服务生产的代理人，这种委托代理关系是非常明显的委托代理关系，也称为显性委托代理关系。当公共体育服务的提供方式转变为合同外包时，政府部门所担保的内容也会随之增加，担保内容可以按照时间分为两类，一类是公共体育服务合同外包的事前担保，另一类是公共体育服务合同外包的事后担保。在委托代理理论中，前者又被称为逆向选择的担保，后者又被称为道德风险的担保。逆向选择意味着政府部门没有选出最合适的社会力量从事公共体育服务生产活动。在公共体育服务合同外包中，所有参与的社会力量都会声称自己是最佳的公共体育服务提供者，而作为公共体育服务委托人的政府很难分辨社会力量的真实情况，或者是对这些信息进行分辨的成本太高。在这种信息不对称的情况下，政府不可避免地会出现逆向选择问题。当政府无法选出最合适的社会力量、无法保证社会力量的供给质量时，就会引发道德风险问题。道德风险是相对于逆向选择的事后机会主义行为，是指在信息不对称的情形下，当政府部门不能及时监督社会力量生产公共体育服务和产品的质量与数量或监督成本太高时，社会力量的行为变化最终导致公民的利益受到损害。社会力量与政府部门二者的利益取向并不完全一致，这必然导致二者的利益冲突。此时，政府部门的职责就是进行介入和补位，保证即使在这种情况下，公共体育服务的供给也可以顺利进行，尽可能地实现公民利益最大化。

政府担保责任的承担方式主要有以下几种：

（1）接管。政府接管是指为维护公共利益之必需，当出现某些特定情形时，政府依法有权采取必要的强制性措施接收并临时管理供应商的活动。

（2）代履行。具体到公共体育服务合同外包中的代履行，是指生产商不履行购买合同中所约定的公共体育服务提供职责，经催告后仍然以严重折损或危害公共利益的方式提供公共体育服务，而作为合同另一方当事人的政府可自行或挑选第三人代替其提供公共体育服务。

（3）执行罚。政府在公共体育服务合同外包中的执行罚，是指作为合同外包一方当事人的政府对拒不履行法定义务的生产商，科以新的金钱给付义务，以迫使其履行原有义务的行政强制执行措施。执行罚有可能是接管或代履行等担保责任方式的前奏，在适用执行罚仍不能达到其预期效果时，政府依法可以启动接管或代履行等更为严苛的行政强制执行措施，以规制生产商行为，维护和保障公共利益。① 同时，还需要注意的是，道德风险问题不仅会发生在社会力量这一代理方，也可能会发生在政府部门这一委托方。

本章小结

政府在公共体育服务合同外包中应承担哪些责任是本书的重要内容。当然，在进一步清晰界定政府责任之前，需要明确以下两个问题：第一，公共体育服务合同外包中政府责任的来源；第二，公共体育服务合同外包中政府的角色定位。对这两个问题进行解释，有利于明确政府在公共体育服务合同外包中的职责边界，也使政府责任变得有迹可循。我国公共体育服务合同外包中政府的责任主要来源于法律制度、政府自身和合同约束力；我国政府在公共体育服务合同外包中的角色主要为合同主体、间接提供者、决策者、服务购买者和合同监管者。我国公共体育服务合同外包中政府的具体责任主要包括目标责任、决策责任、财政责任、监管责任、培养责任和担保责任。

---

① 邓睿. 论政府在购买公共服务中的角色定位及其法律责任：以法律关系基本构造为分析框架［J］. 行政法学研究, 2018（06）：43-54.

第四章　我国公共体育服务合同外包的有效运作模式分析

20世纪80年代以来，公共选择理论、新公共管理理论和新公共服务理论等一系列行政改革理论激发了西方发达国家对政府职能和公共服务效益的再思考。英国率先推行公共服务私有化，借助市场竞争改革传统政府垄断机制，将公共服务生产外包给社会组织，有效增加了公共服务供给、提高了政府行政效率。经过发达国家多年实践与不断优化，公共服务合同外包在扩大公共服务供给、提高生产质量与效率、减轻政府财政负担等方面发挥了一定的优势，继而成为全球性的政府行政改革策略。

2014年，国务院印发《关于加快发展体育产业促进体育消费的若干意见》（国发2014〔46〕号），提出创新体制机制，进一步简政放权，促进政府职能转变与公共体育服务适度市场化，加快了我国体育行政部门职能转变的进程。2016年，国家体育总局发布《体育发展"十三五"规划》，要求进一步厘清体育行政部门权力边界，放宽市场准入；进一步健全政府购买体育服务体制机制，把适合由市场和社会承担的体育服务事项，按照法定方式和程序，交由具备条件的社会组织和企事业单位承担，逐步构建多层次、多方式的体育服务供给与保障体系。2019年，国务院办公厅印发《体育强国建设纲要》（国办发2019〔40〕号），特别指出加大政府向社会力量购买公共体育服务的力度是进一步推动体育强国建设的政策保障。近年来，全国各级地方政府加速开展公共体育服务合同外包的实践，取得了一定的成效，为我国公共体育服务发展积累了一定的实践经验。但是，在公共体育服务合同外包运作过程中仍存在外包行为内部化、隐性进入壁垒较高等问题，优化公共体育服务合同外包行为是当下亟待深入研究的重要课题。本书提炼并归纳出现阶段我国公共体育服务合同外包常见的三种运作模式，并结合三个地方政府实践案例归纳了这三种运作模式的特征与适用条件，继而指出我国公共体育服务合同外包运作中存在的问题，并针对存在的问题提出优化合同外包行为的建议，为进一步增加我国公共体育服务供给方式、提高公共体育服务生产质量与效率、推动体育事业深化改革提供借鉴和支撑。

第一节 公共体育服务合同外包的运作模式与流程

一、公共体育服务合同外包的三种运作模式

公共体育服务合同外包，是指在政府与社会体育组织协商一致的基础上，通过签订正式外包合同，政府将公共体育服务生产职能转移给社会体育组织。因研究角度、分类依据等不同，不同学者对公共体育服务合同外包运作模式的分类有不同的看法。国外学者的研究多聚焦在公共体育服务合同外包的上位概念——公共服务合同外包的运作模式上，因为公共体育服务是公共服务的下属分支，所以公共服务合同外包的运作模式同样适用于公共体育服务合同外包。国外学者帕内特等（Panet et al., 1998）认为公共服务供给模式可以分为政府直接提供、营利组织直接提供和非营利组织直接提供三类，公共服务合同外包则是介于这三类之间的替代模式，依据承包方性质可将公共服务合同外包分为合同外包给营利组织和合同外包给非营利组织。他们强调合同外包的优势在于可以将政府保障公共服务公益性质的优势与营利组织的效率优势和非营利组织的专业、志愿优势相整合，有利于进一步提升公共服务供给效率和公民满意度。[1] 德霍格（Dehoog, 1990）以承包商竞争程度为分类依据，将公共服务合同外包运作模式分为竞争模式、谈判模式和合作模式，他认为以上三种模式各有其适用环境及优劣势，政府应根据外部环境特征、组织可提供的资源和资金、未来事件、服务技术及服务输出与期望结果之间因果关系的不确定性程度来选择合适的合同外包运作模式。[2]

---

[1] PANET P L, TREBILCOCK M J. Contracting-out social services [J]. Canadian Public Administration, 1998, 41 (01): 21-50.

[2] DEHOOG R H. Competition, negotiation, or cooperation: three models for service contracting [J]. Administration & Society, 1990, 22 (03): 317-340.

国内学者在研究承包商竞争程度的基础上,将承包商与政府之间的关系也纳入研究范畴,即从竞争程度和主体关系两个维度对公共体育服务合同外包运作模式进行分类。韩俊魁(2009)在国外研究的基础上,结合我国政府行政制度的现实情况,将非竞争性购买模式进一步细分为体制内吸模式和体制外非正式的按需购买模式。① 邓金霞(2013)根据组织网络边界的开放程度,将公共服务外包分为体制内紧密型、体制内独立型、体制外紧密型和体制外独立型。② 朱毅然(2015)根据承接公共体育服务的主体相对于政府是否具有独立性和实际购买过程中是否具有竞争性,将政府购买公共体育服务的模式分为四类:独立关系竞争性购买模式、独立关系非竞争性购买模式、依赖关系竞争性购买模式和依赖关系非竞争性购买模式,并指出由于我国社会体育组织发展规模和质量仍处于弱势地位,我国政府购买公共体育服务主要采用独立关系非竞争性购买模式和依赖关系非竞争性购买模式。③ 高奎亭等(2018)根据公共体育服务政府购买的主体与承接主体之间是否具有独立性和竞争性,将政府购买公共体育服务的模式分为形式性购买模式、委托性购买模式和契约化购买模式。④

虽然上述学者所提出的公共体育服务合同外包运作模式的具体类型有所不同,但都是以政府与承包商之间的关系和合同外包过程中的竞争程度为划分依据的。结合当前我国社会体育组织力量不足、政府主导公共体育服务渐进式改革等现实国情,笔者参照国内外学者的研究提出公共体育服务合同外包运作模式的分类标准及具体类别,即依据政府与承包商之间是否具有独立关系和实际合同外包过程中的竞争程度,将公共体育服务合同外包运作模式分为以下四种:政府组织间竞争模式、体制内外包模式、竞争模式和谈判模式(图4-1)。由于我国现实国情和行政体系划分与西方国家有很大的不同,在这四种模式中,政府组织间竞争模式在我国没有得到发展。因此,在我国公共体育服务合同外包实践中,较为常见的运作模式

---

① 韩俊魁. 当前我国非政府组织参与政府购买服务的模式比较[J]. 经济社会体制比较,2009(06):128-134.
② 邓金霞. 公共服务外包之隐性进入壁垒研究:以上海市为例[D]. 上海:复旦大学,2013.
③ 朱毅然. 政府购买体育公共服务研究[J]. 西安体育学院学报,2015,32(06):641-646,674.
④ 高奎亭,李勇勤,孙庆祝,等. 地方政府购买公共体育服务的经验、启示与选择[J]. 首都体育学院学报,2018,30(02):122-127.

有三种：竞争模式、谈判模式和体制内外包模式。

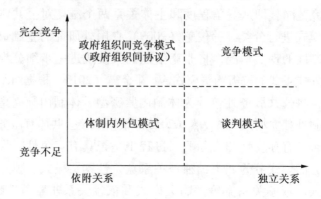

图 4-1　公共体育服务合同外包运作模式

而在上述三种模式中，发达国家公共体育服务合同外包多采用竞争模式。《中华人民共和国政府采购法》规定若有三家及以上的供应商参与竞标活动，政府必须组织公开招标，即采取竞争模式选择最优承包商。但是，在查阅中国政府采购网和苏州市、南京市、北京市等各地方公共资源交易平台后发现，采用单一来源采购、竞争性谈判、竞争性磋商等模式的公共体育服务合同外包案例占比远高于竞争模式。这是因为目前我国社会体育组织数量较少、规模不足、力量薄弱，政府常常会面临参与竞标的承包商较少的情况，竞争模式很难实施。因此，在现阶段，谈判模式和体制内外包模式作为竞争模式的替代模式，常被用于我国公共体育服务合同外包。

二、公共体育服务合同外包的运作流程

公共体育服务合同外包的运行过程是具有一定顺序的规范性流程。美国学者萨瓦斯将公共服务合同外包实施过程归纳为考虑实施合同外包、选择拟外包的服务、进行可行性研究、促进竞争、了解投标意向和资质、规划雇员过渡、准备招标合同细则、进行公关活动、策划管理者参与竞争、实施公平招标、评估标书和签约、监测评估和促进合同的履行 12 个步骤。[①]国内学者句华、王雁红等总结了公共服务合同外包流程，句华（2006）认

---

①　萨瓦斯. 民营化与公私部门的伙伴关系：中文修订版 [M]. 周志忍, 等译. 北京：中国人民大学出版社, 2017.

为合同外包有 4 个关键环节,即合同成本的计算及绩效标准的制定、承包商的甄选、有效监督的实施、风险的控制与分担。① 王雁红(2019)指出公共服务合同外包流程包括议程设立、合同制定、合同执行和合同评估 4 个步骤。② 因为公共体育服务是从属于公共服务的下位政府事务,所以公共服务合同外包流程同样适用于公共体育服务合同外包。笔者综合以上国内外学者的观点,认为公共体育服务合同外包运作流程应包括以下环节(图 4-2):① 做出合同外包决策;② 制定合同细则;③ 执行双方权责;④ 评估合同成效。

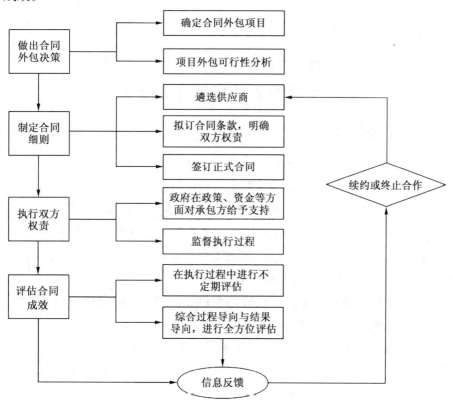

图 4-2　公共体育服务合同外包运作流程

---

① 句华. 公共服务中的市场机制:理论、方式与技术 [M]. 北京:北京大学出版社, 2006.
② 王雁红. 公共服务合同外包:理论、实际运作与风险控制 [M]. 北京:清华大学出版社, 2019.

由图 4-2 可知，公共体育服务合同外包的具体操作步骤为：政府首先确定需要实行合同外包的公共体育服务项目，并对其进行市场检验和可行性分析。确认可以进行外包后，政府发布招标公告并在公共体育市场中遴选符合条件的公共体育服务供应商。政府组织潜在供应商参与开标会议，由政府代表与采购代理商对供应商提交的标书进行打分和排序，中标者获得承包资格，并与政府签订正式外包合同。其后，承包方按合同要求提供公共体育服务，政府则需要在政策、资金等方面对承包方给予支持，并监督项目外包执行过程。项目结束后，政府组织绩效考核委员会对承包方进行绩效评价，根据评估结果反馈信息，决定与承包方续约或终止双方的合作。

第二节　我国公共体育服务合同外包有效运作模式案例分析

一、竞争模式

（一）竞争模式的特征

竞争模式是指政府组织公开招标，以标书综合得分为依据，在多个投标的供应商中选择合同成交价格较低和能够提供优质公共体育服务的供应商，与其签订正式合同，将公共体育服务生产职能转移给承包方的模式。竞争模式是公共体育服务合同外包最理想的模式。

竞争模式最主要的特征包括以下几点：

（1）承包方为独立组织。政府与承包方之间不存在任何行政、人事、资金和资源等方面的隶属与依赖关系，承包方为独立的非政府组织。

（2）竞争程度高。公共体育市场中存在多个服务供应商且为竞争关系，即公共体育已形成竞争性市场，供应商之间有技术、技能等方面的重叠，政府可以利用市场竞争机制获得最低成本的服务，并淘汰生产劣质产品或服务的承包方。

（3）公平竞争。政府组织公开、公平、透明的招投标会议，由政府和采购代理商组成评审小组，对供应商提交的标书进行打分评价。政府必须明确招标合同细则，严格按照招标流程与标书评价标准评估承包方。同时，政府要向社会公示招标公告、招标书、成交公告和合同细则，接受社会舆论监督。

(4) 契约关系。政府与承包方签订包括项目类型、服务标准、成交价格、支付方式和争端处理方式等内容在内的正式合同,以明确各自的权责与利益,同时规范政府与承包方的基本行为。

(二) 竞争模式的适用条件

竞争模式因效率优势被西方发达国家广泛应用,它也被认为是最优秀的公共体育服务合同外包运作模式。但是,竞争模式有其适用范围,并非所有公共体育服务都适用。竞争模式的适用条件主要包括以下几点:

(1) 公共体育市场具有竞争性,这是竞争模式适用的首要条件。即公共体育市场中存在多个潜在供应商且互为竞争关系,政府可以通过市场获取公共体育服务类型、合理价格范围及供应商资质能力等相关信息,并借助市场的优胜劣汰机制,获得低成交成本与效率优势。相反,如果公共体育市场被一家议价供应商垄断,该供应商就可以凭借其垄断优势抬高合同成交价格,政府就无法借力市场竞争机制获得低成本的服务。

(2) 政府资源丰富。政府期望借助竞争机制遴选优质供应商,就必须组织公开招标。萨瓦斯(2017)将招投标过程归纳为了解投标意向与资质、规划雇员过渡、准备招标合同细则、进行公关宣传活动、策划管理者参与竞争、实施公平招标和评估标书7个步骤[①],因此,政府必须有充足的资金、人力、时间和技术等资源以应对漫长、复杂的招投标过程。首先必须有充足的时间进行招标流程策划、拟定招标合同细则、宣传外包招标,其次还需要有专业人士参与分析和评估公共体育市场中的服务质量、价格范围、供应商信息等。

(3) 公共体育服务可衡量性高。因为正式合同中必须标明服务内容、服务标准、预计投入资金、服务验收评价指标等内容,所以公共体育服务内容必须是可描述的、服务标准必须是可测量和监督的,以便政府与承包方明确各自的权责和利益。

满足以上三点就可以采用竞争模式,若未同时满足以上条件,政府将面临资金、人力浪费与逆向承包的风险。

[①] 萨瓦斯. 民营化与公私部门的伙伴关系:中文修订版[M]. 周志忍,等译. 北京:中国人民大学出版社,2017.

（三）案例分析

案例 1　2019 年第六届内蒙古国际马术节承办服务项目

内蒙古国际马术节是国内极具代表性的大型体育旅游品牌节庆活动，是目前国内唯一入选"国家体育旅游精品赛事"的马术赛事，也是国内第一个登上美国纽约时代广场的马术赛事。内蒙古国际马术节举办期间不仅会组织马术赛事，还会组织马术文化交流、高峰论坛、开幕式演出、嘉年华、马王争霸赛等具有民族特色的活动以吸引世界各国人民参与和互动，传播内蒙古传统体育正能量，促进体育事业与民族精神的融合。① 自 2014 年第一届内蒙古国际马术节到 2016 年第三届内蒙古国际马术节，内蒙古国际马术节一直由内蒙古自治区体育局作为唯一承办方来组织开展。2017 年以后，内蒙古自治区政府响应"促进政府职能转变与公共体育服务适度市场化"的号召，为进一步提升内蒙古国际马术节的质量与赛事知名度，将 2017 年第四届内蒙古国际马术节承办服务通过竞争性磋商的方式外包给内蒙古马业传媒有限公司，2018 年第五届内蒙古国际马术节承办服务通过公开招标的方式外包给内蒙古马业传媒有限公司，2019 年第六届内蒙古国际马术节承办服务通过公开招标的方式外包给内蒙古奇跑体育科技有限公司。

在案例 1 中，2019 年内蒙古自治区体育局采用公开招标的方式选择承包商，政府与内蒙古奇跑体育科技有限公司是独立关系，因此，判断 2019 年第六届内蒙古国际马术节承办服务合同外包采取的是竞争模式。在案例 1 中，外包项目是赛事承办服务，其中涉及的内容既包括赛事组织、人员招募、后勤保障和影像资料留存等客观性较强的硬服务，也包括宣传推广、市场开发等主观性、专业性较强的软服务。在 2017 年以前，内蒙古国际马术节一直由政府直接承办，但政府很难独自负担大量的资源、资金和人力投资，而自 2017 年第四届内蒙古国际马术节起，政府将国际马术节承办职能纳入公共体育服务合同外包范围，与专业的社会体育组织合作承办国际

---

① 内蒙古自治区政府采购中心．内蒙古自治区体育局体育服务中标（成交）公告［EB/OL］．(2019-10-31)［2020-04-02］．http://www.nmgp.gov.cn/category/cggg? tb_ id=3&p_ id=114973．

马术节。政府在遴选赛事承办服务承包商时，考虑到马术赛事承办的专业性及马术节活动的多样性与复杂性，只将专业的非政府体育组织纳入考虑范畴。马术是内蒙古的民族传统体育运动项目，内蒙古当地具有马术节承办资格的社会体育组织数量较多，已经形成了具有一定规模的竞争性市场。内蒙古自治区体育局积极引入市场竞争机制，采取公开招标的方式提升招标过程的竞争性，制定完善的标书评价标准与综合评分制度，确保以最低的成本获得质量最好、效率最高的赛事承办服务。2019年第六届内蒙古国际马术节承办服务项目实施框架如表4-1所示。

表4-1　2019年第六届内蒙古国际马术节承办服务项目实施框架

要素	内容
外包项目特征	可衡量程度较高、服务模式已较为成熟的体育赛事承办服务
外包对象	内蒙古奇跑体育科技有限公司
外包方式	公开招标
资金来源	国库集中支付
合同期限	三个月
外包过程	1. 做出决策：内蒙古自治区政府从2014年开始举办国际马术节，一直采取政府投资、政府主导的办赛模式，这在一定程度上浪费了财力、物力和人力。自2017年起，内蒙古自治区政府采取合同外包的方式将国际马术节承办职能转移给专业的社会体育组织。 2. 遴选承包商，制定合同：内蒙古自治区体育局作为发包方委托内蒙古自治区政府采购中心代理采购，以公开招标的方式遴选国际马术节承包商。各潜在承包商按要求提交标书，由评标专家组根据供应商的报价、技术等进行综合评分，得分最高的内蒙古奇跑体育科技有限公司为最终中标者，与内蒙古自治区体育局签订正式外包合同。 3. 执行合同：内蒙古奇跑体育科技有限公司作为承包商，应执行的内容包括：① 在国际马术节期间开展马术节的宣传推广工作，包括国家级媒体报道投放，OTA平台宣传投放，融媒体、专业媒体、门户网站、视频网站等宣传报道投放，国外媒体报道投放，自治区本级媒体报道投放；② 马术赛分站赛与马王总结赛的组织运营、维护管理；③ 后勤服务；④ 提供赛事用品和计时设备；⑤ 自行组建工作人员与服务人员团队；等等。内蒙古自治区体育局负责联系与协调有关单位、部门，负责活动组织、交通疏导、城市管理、医疗救护、马房管理、场地平整方面的工作，负责制定竞赛规程和组织管理现场，同时监督内蒙古奇跑体育科技有限公司的运营行为。 4. 评估外包成效：内蒙古自治区政府制定了一套较为详细的体育赛事合同外包绩效评价指标体系，涵盖效率评价和效果评价两个方面，二级评价指标包括组织机构建设、制度建设及执行、人力资源管理、购买主体评价、受益群体评价、赛事完成率、社会动员力度、宣传推广、马术赛事组织、安全防范保障、赛事资料影像、成本分析、社会效益分析等。

从实际运作流程来看，内蒙古国际马术节承办服务合同外包是政府为了提高赛事活动质量、提升赛事知名度而发起的一次公共体育服务市场化改革。为了推进合同外包革新，内蒙古自治区政府采取了一系列措施：

（1）政府给予资金、资源、人力支持。内蒙古自治区体育局作为发包主体，以 3 884 000 元的合同成交价格支持内蒙古奇跑体育科技有限公司承办第六届内蒙古国际马术节，并且政府在联系与协调有关单位和部门、活动组织、交通疏导、城市管理、医疗救护、马房管理、场地平整，以及制定竞赛规程和组织管理现场工作等环节提供了大量人力与物力支持。

（2）有效实现管办分离。管办分离是体育管理体制改革的重要方向，内蒙古国际马术节的市场化运作，改变了以往政府管理、政府办赛模式，实现了管办分离，有效提升赛事质量、赛事组织效率与群众满意度。

（3）构建完善的公共体育服务合同外包绩效评价指标体系。内蒙古自治区政府制定了一套涵盖效果评价和效率评价两个方面、专门用于评价群众体育赛事绩效的指标体系与绩效考核标准，从机构和制度建设、服务满意度、服务数量和质量及成本效益四个维度来评价体育赛事承办服务（表4-2），并根据得分确定续约或终止合同。

表 4-2　第六届内蒙古国际马术节承办服务绩效评价指标体系

指标名称	权重	二级指标	考核内容	考核标准	计算方法
机构和制度建设	10%	组织机构建设	组建组织机构，并进行人员编制设计 组织机构和人员编制设计与所提供的服务内容是否合理匹配		
		制度建设及执行	制度建设的完备性，包括但不限于人员管理、财务管理、业务管理等方面	每缺少一个类别，减 3 分	
			制度内容的合理性、科学性		

续表

指标名称	权重	二级指标	考核内容	考核标准	计算方法
机构和制度建设	10%	制度建设及执行	工作人员活动制度培训	培训率标准为80%，每降低5%，减1分	培训率=参加培训人员/人员总数量×100%
			工作人员活动制度普及程度	普及率标准为80%，每降低5%，减1分	普及率=回答正确的问题数量/提问问题总数量×100%
		人力资源管理	建立健全招聘、培训、薪酬、绩效管理等有关人力资源管理的制度	每缺少一个类别，减1分	
			招募人员具备的学历、职业资格与所从事的工作相匹配	人员专业符合率每降低5%，减1分	人员专业符合率=符合专业人员数量/本次政府购买服务从业总人数×100%
服务满意度	40%	购买主体评价	由购买主体与承接主体对接业务的相关部门做出评价，满意度标准为90%	满意度每降低5%，减10分	满意度=各调查问卷的平均值
		受益群体评价	由受益群体进行评价，满意度标准为80%	满意度每降低1%，减2分	满意度=各调查问卷的平均值
服务数量和质量	40%	赛事完成率	比赛应于2019年10月底之前完成	按时完成得5分，拖延15日以上的考核结果降一个等级	
		社会动员力度	考察各项活动的参与者及志愿者是否是通过社会公开报名招募，有无硬性摊派名额情况。建立集网络报名、电话报名、现场报名于一体的较为完善的报名系统，并设专人负责报名工作	未设专人负责报名工作，减1分；报名系统缺失一种，减1分；存在硬性摊派名额情况，减1分；未实行社会公开报名，减3分	

续表

指标名称	权重	二级指标	考核内容	考核标准	计算方法
服务数量和质量	40%	宣传推广	通过国内外主流媒体累计不少于15家集中发布马术节整体活动的内容	数量每下降5%，减1分，最多减4分	
			马术节期间组织不少于3次国家级媒体对马术节赛事活动进行报道；融媒体、专业媒体、门户网站、视频网站、直播平台等媒体对马术节累计宣传报道不少于100篇；国外媒体宣传至少5次；建设并运营马术节技术平台1个、官方宣传平台1个；参与宣传的OTA及网络媒体不少于3家	每项数量每下降5%，减1分，最多减3分	
		马术赛事组织	举办17场马术比赛	少办一场赛事考核结果降低一个等级	
			搭建100平方米舞台；调用计时器1台、场地平整车1辆参与赛事的组织和实施；调用高清设备参与赛事纪实录制及后期制作	每项数量每下降5%，减0.5分，最多减2分	
			有100位工作人员、裁判、安保人员等参与赛事的组织和实施	数量每下降5%，减0.5分，最多减2分	

续表

指标名称	权重	二级指标	考核内容	考核标准	计算方法
服务数量和质量	40%	安全防范保障	制订完备的消防疏散预案、伤害事故处理预案、各类突发事件处置预案	各类安全预案每少一项减1分	
			参加活动人员购买人身意外伤害保险	没有购买人身意外伤害保险减1分	
			与参加活动人员、集体签署文明参赛承诺书;医疗点、医护人员、车辆、器材配备;公安机关备案材料	无承诺书,减1分;无相关配套,减1分;出现运动受伤等未妥善处理,减1分	
		赛事资料影像	每场比赛须留存相关赛事资料、影像等	每缺少一项影像资料,减0.5分	
成本效益	10%	成本分析	用对比法计算成本节约率	每节约1%,得1分	成本节约率=(1-实际成本/预算成本)×100%
		社会效益分析	社会示范效应分析		定性评价
			深化改革,转变政府职能		定性评价
			增加公共服务供给,提高公共服务水平和效率		定性评价
合计	100%				

从运作成效来看,内蒙古自治区政府初步取得了减轻财政负担、节省人力和物力、提高赛事组织运营效率等积极成效:

(1)减轻财政负担。在案例1中,内蒙古自治区体育局采取竞争性公开招标、综合评分的方式遴选承包商，评审专家和采购人代表组成评审委员会对投标企业的报价与技术按评标细则给出相应分数。综合评分方式不仅可以排除低质量的承包商，确保公共体育服务价格维持在合理的区间内，而且有助于政府利用招投标获得低价格的承包商，达到减轻财政负担的目的。

（2）节省人力和物力。内蒙古国际马术节市场化改革意味着内蒙古自治区政府将公共体育服务生产职能以合同外包形式转移给企业，政府可以利用内蒙古奇跑体育科技有限公司的资源优势与专业技能生产高质量的马术活动，活动的工作人员、服务人员团队由承包商自行组建，政府只需要派遣少数专业人员负责协调和配合工作，而且政府不需要承担志愿人员的费用。

（3）提高赛事组织运营效率。政府部门生产公共体育服务，常常忽视生产效率，过分强调程序的规范性与公正性。在合同外包模式下，政府在监督承包商运营行为外不直接介入承包商的运营活动，赋予承包商较大的自主权与裁量权，承包商拥有更多的管理灵活性，能够极大地提高赛事组织运营效率。

在获得一定成效的同时，也存在招标成本过高、双方地位不对等、监督评价主体单一等问题：

（1）招标成本过高。公开招投标流程包括发布招标信息、搜寻潜在承包商、准备招标细则、组织竞标、评标等环节，政府需要花费大量的人力、资金和时间等成本。在案例1中，由于内蒙古奇跑体育科技有限公司是第一次承接大型体育旅游品牌节庆活动，内蒙古自治区体育局需要组织工作人员与服务人员培训，此外，搜寻承包商成本、竞标成本和协商成本等隐性成本也在持续增加。

（2）双方地位不对等。虽然内蒙古奇跑体育科技有限公司与内蒙古自治区政府之间不存在依附关系，但是服务内容、服务标准、服务成交价格仍由政府制定，承包商不具备与政府平等协商与议价的地位。此外，内蒙古奇跑体育科技有限公司曾多次与内蒙古自治区政府合作，承接过一些小型群众体育赛事承办服务，即在一定程度上内蒙古奇跑体育科技有限公司对政府忠诚度较高，政府的行政指令对内蒙古奇跑体育科技有限公司执行行为的影响有时甚至会高于契约对运作行为的约束。

(3) 监督评价主体单一。内蒙古自治区政府虽然已经构建了较为完善的公共体育服务绩效评价体系，但是监督与赛后评价仍由政府独自把控，并未引入公民和第三方评估机构参与监督与绩效评价，尚未建立多元主体绩效评价体系和严格的监督机制。

二、谈判模式

（一）谈判模式的特征

谈判模式是指政府通过与少数独立承包商谈判、磋商，最终在服务内容、服务标准、成交价格、支付方式、双方权责等合同细则方面达成共识，并签订正式合同。

谈判模式的主要特征包括以下几点：

（1）承包方独立性强。谈判模式中的承包方具有较强的独立性，与政府部门不存在人事、资金、资源等方面的依附关系。

（2）竞争性不足。在公共体育服务尚未形成竞争性市场，符合公共体育服务合同外包标准的承包商少之又少的情况下，政府通常不会公开招募承包商，而是仅邀请政府熟悉的、具有良好社会声誉的、符合承包方标准的少数独立非政府组织进行谈判，从这些备选组织中选择最终中标者。

（3）双方共同协商合同细则。与竞争模式中政府预先拟定外包合同细则这一流程不同，政府采用谈判模式时，服务类型、服务内容、服务要求、服务验收标准、成交价格、服务期限、违约惩罚措施等合同细则由政府和承包商进行谈判商议后确定。也就是说，虽然政府会提前考虑一些合同中的必备条款，但不会拟定详细、具体的规定，而是以承包商递交的标书为基础再就具体细节进行协商调整。

（4）强调信任与合作。谈判模式中的政府与承包方不是竞争模式中的纯粹监督者与被监督者关系，谈判模式更强调合作双方的信任关系。公共体育服务外包合同的拟定就是政府与承包方在互惠互利、寻求双方利益最大化的前提下，共同协商确定公共体育服务合同外包过程中双方的权责、利益及需要处理的问题。

（二）谈判模式的适用条件

作为竞争模式的一种替代，谈判模式在公共体育服务合同外包中有其特定的适用条件：

(1) 公共体育服务未形成竞争性市场。公共体育市场中承包商较少，尚未形成具有一定规模的竞争性市场，政府不需要进行大规模的宣传来吸引潜在承包商，只要存在两个及以上承包商就可以采取谈判模式。当前，我国政府使用较多的谈判模式包括竞争性谈判、竞争性磋商和单一来源采购，竞争性谈判是根据"最低价格"原则选取最终中标商；竞争性磋商是在比较承包商服务能力、社会声誉、成交价格等因素并进行综合评价后，根据综合评价结果选择最终中标商；单一来源采购则是仅与一个承包商进行谈判，着重调整合同具体细节以达到双方利益最大化。

(2) 政府资源较为充足。虽然谈判模式的招投标过程较竞争模式短，但是政府也需要投入一定的人力、物力和时间来掌握承包商信息、审查承包商资格、准备谈判文件、开展谈判等。

(3) 公共体育服务可衡量性较高。一旦政府采取谈判模式，包括服务内容、服务标准、成交价格、资源投入等在内的具体合同条款将由政府与承包商共同商讨之后拟定，因此，公共体育服务内容要可描述、服务标准要可测量和监督，以便政府与承包商明确各自的权责和利益。因为在谈判模式下政府不需要提前拟定具体的合同条款，所以合同条款具有较高的灵活性，谈判模式对公共体育服务的可衡量性要求相较于竞争模式稍低。

若政府与公共体育服务满足以上条件，政府可以采取谈判模式向符合条件的潜在承包商邀标，与承包商协商谈判以达到双方利益最大化，同时保障公共体育服务的供给效率和质量。相反，若政府与公共体育服务不具备以上条件，政府却盲目采取谈判模式，就可能会面临监督难度增加、腐败行为滋生等不可控风险。

（三）案例分析

案例2 2015—2017年贵州省黔东南州国际超100公里跑比赛承办服务项目①

贵州省环雷公山超100公里跑国际挑战赛是依托黔东南州的山水风景、民族文化和地域风情策划的一项长距离路跑活动，分"三天三地三赛段"在凯里、雷山、镇远进行，因其超长赛时、超

---

① 黔东南州文体广电旅游局. 贵州省黔东南州国际长跑比赛承办服务项目［EB/OL］. (2017-10-18) ［2020-04-02］. http://www.ccgp.gov.cn/gpsr/jyjl/201710/t20171018_9004252.htm.

长距离、超极限的设计而在国内外路跑赛事中享有一定的知名度。该赛事于2011年开始举办，2012年被中国田径协会授予了"国际路跑银牌赛事"荣誉称号，2013—2016年连续4年跻身"中国马拉松金牌赛事"系列。由于政府投资、政府主导的办赛模式在一定程度上浪费了财力、物力和人力，不利于赛事的长远发展，2015年开始，黔东南州政府决定将贵州省环雷公山超100公里跑国际挑战赛纳入合同外包范围。

最初，黔东南州政府拟在贵州省公共资源交易平台通过公开招标的方式遴选承包商，由于参与竞争的供应商数量不足，两次公开招标全部流标，后来将招标方式调整为竞争性谈判，但由于只有一家体育组织参与招标而再次流标。最后，黔东南州政府将招标方式调整为与单一来源供应商谈判协商，与北京欧迅体育文化股份有限公司签订外包合同。

在案例2中，黔东南州文体广电局采用单一来源谈判协商的方式选择承包商，政府与北京欧迅体育文化股份有限公司是独立关系，因此判断2015—2017年贵州省黔东南州国际超100公里跑比赛承办服务项目采取的是谈判模式。在案例2中，外包项目是赛事承办服务，其中涉及的内容既包括赛事组织、后勤保障等可衡量性较高的硬服务，也包括宣传推广、市场开发等不易衡量、专业性较强的软服务。根据凯特尔市场缺陷理论中"卖方之间为了政府业务而展开竞争的程度不足"，判断黔东南州国际超100公里跑比赛承办市场属于缺陷市场。在2015年以前，黔东南州国际超100公里跑比赛一直由政府直接承办，当地不存在具有竞争性的体育赛事市场，因此，即使通过邀标将国际超100公里跑比赛外包给发达地区体育组织承办，但是服务内容、服务标准与服务价格等仍是由政府确定，而非由市场调控确定。政府在遴选承办服务的承包商时，考虑到马拉松赛事承办的专业性较强，只将专业的非政府体育组织纳入考虑范畴，但由于当地社会体育组织数量少、规模小、力量弱，只能通过向发达地区社会体育组织邀标的方式来确定承包方，并通过双方协商一致确定具体的合同明细。2015—2017年贵州省黔东南州国际超100公里跑比赛承办服务项目实施框架如表4-3所示。

表 4-3   2015—2017 年贵州省黔东南州国际超 100 公里跑比赛承办服务项目实施框架

要素	内容
外包项目特征	可衡量程度较高、当地非政府体育组织不发达
外包对象	北京欧迅体育文化股份有限公司
外包方式	单一来源采购
资金来源	政府财政资金，分三年结清
合同期限	三年
外包过程	1. 做出决策：黔东南州政府从 2011 年开始举办国际超 100 公里跑比赛，一直采取政府投资、政府主导的办赛模式，政府独自承担赛事承办所面临的财政、人力短缺等压力，这不利于赛事的长远发展。2015 年开始，黔东南州政府决定将国际超 100 公里跑比赛纳入合同外包范围。 2. 遴选承包商，制定合同：黔东南州政府最先拟在贵州省公共资源交易平台通过公开招标方式确定承接主体，由于参与竞争单位数量不足，两次公开招标全部流标，后来调整为竞争性谈判方式，也因只有一家单位报名参与而流标，最后采用非竞争性谈判模式和单一来源采购方式确定承接主体——北京欧迅体育文化股份有限公司。确定承接主体后，按照购买内容要求，黔东南州文体广电局与承包方共同协商草拟了外包合同，并报送州人民政府及州法制办进行了审查。在审查通过后，黔东南州文体广电局与北京欧迅体育文化股份有限公司正式签约。 3. 执行合同：北京欧迅体育文化股份有限公司作为承包方负责提供 2015—2017 年贵州省环雷公山超 100 公里跑国际挑战赛的赛事组织、宣传推广、市场开发、后勤保障等方面的服务，购买方即黔东南州文体广电局专门负责审核和评估工作。 4. 评估外包成效：黔东南州文体广电局对参赛运动员总人数、外籍运动员人数、奖金金额及赛事宣传、媒体广播等关键因素进行考核。

从实际运作流程来看，黔东南州国际超 100 公里跑比赛承办服务项目是政府受财政困扰而发起的一次自上而下的强制性改革。为了推进合同外包革新，政府采取了一系列措施：

（1）政府给予政策与资金支持。黔东南州文体广电局作为购买主体，以 755 万元的合同成交价格（分三年付清）支持北京欧迅体育文化股份有限公司承办黔东南州国际超 100 公里跑赛事，并且政府在赛事安全保障、后备医疗服务、周边环境整治等环节提供了大量人力、物力支持。

（2）有效实现管办分离。管办分离是体育管理体制改革的重要方向，黔东南州国际超 100 公里跑赛事市场化运作，改变了以往政府管理、政府办赛模式，实现了管办分离，有效防止了腐败现象的发生。

从运作成效来看，黔东南州政府初步取得了减轻财政负担、节省人力和物力、扩大宣传效应等积极成效：

（1）减轻财政负担。往年举办国际超 100 公里跑赛事活动，都是靠政府直接承办的方式进行，花费了大量资金。仅 2013 年，州、县两级财政及省体育局就投入了 1 100 万元，用于开展赛事活动。采取合同外包方式运作后，2015—2017 年，仅由州级财政投入 755 万元，各相关县市仅负责安全保障、后备医疗服务及周边环境整治等相关工作，减轻了各级财政负担，节约了财政资金，同时赛事效果也远超以往。

（2）节省人力和物力。往年举办赛事时，每年要从州直、各县市有关部门抽调 1 000 余人、近 100 辆车协助赛事工作，且还要投入大量的物力，才能保障赛事顺利完成。2015 年，由北京欧迅体育文化股份有限公司进行承办后，因公司有一套人员专门组织整个赛事活动，各县只负责安保、医务及部分后勤工作，其余人员都是公司自行聘请、解决，并且车辆派遣、物资供给等物力保障工作也全部由公司负责，减少了政府部门人力、物力的投入。

（3）赛事影响力增加。往年举办国际超 100 公里跑赛事活动，其宣传模式大多是政府召开新闻发布会，从 2015 年起，采取合同外包方式进行市场化运作后，北京欧迅体育文化股份有限公司利用自身资源优势，加强对内宣传、对外宣传、特色活动宣传和社会宣传、广告宣传，使赛事关注度、知名度和美誉度得到了明显提高。以参赛运动员为例，2011 年参加赛事的运动员数量仅为 157 名，2012 年到 2015 年间逐步增加，2015 年有 27 个国家和地区 507 名运动员参赛，而 2016 年的参赛人数激增至 1 083 人，并且有 20 家企业参与赛事赞助，同比增长了 50%。

但是，在案例 2 中也出现了监管力度不足、绩效评价机制存在缺陷、政治力量介入过多等问题：

（1）监管力度不足。从案例 2 的实际运作可知，黔东南州文体广电局是国际超 100 公里跑比赛承办服务项目的唯一监管主体，即采用单一政府内部监管模式，外部社会公众监督与第三方专业监管缺失，造成监督时效性不强和客观性不足，并且监管对象只有作为承包方的北京欧迅体育文化股份有限公司,而并未对作为购买方的政府职能部门进行监管,即监管对象片面化,无法有效防止合同执行过程中的腐败行为与谋私利行为。

(2)绩效评价机制存在缺陷。合同外包运作中应建立由购买主体、服务对象和第三方共同参与的绩效评价网络。而案例2中仅由黔东南州文体广电局依据合同内容对国际超100公里跑赛事进行评价,没有聘请第三方评估机构,并未规范有序地建立起各关联方参与的绩效评价机制。同时,绩效评价的考核因素仅包括参赛运动员总人数、外籍运动员人数、奖金金额及赛事宣传、媒体广播等关键因素,虽然重视对赛事举办结果与赛事承办过程中的行为活动的评价,但是忽视了对赛事运作的公共价值与社会效益的评价,即未能将过程导向评价与结果导向评价有效结合,忽视了顾客满意度、公民参与度等多方面绩效评价因素,绩效评价方式缺失、绩效评价考核因素不全面。

(3)政治力量介入过多。谈判模式是在参与招标的承包商数量不足的情况下采取的替代模式,政府通常会考虑向专业能力较强、社会声誉良好、对政府忠诚度高的体育组织邀标,因此,与竞争模式相比,谈判模式受政府官员个人意愿的影响较大,那些与政府关系较稳定、社会知名度高的体育组织更易获得承包机会。在案例2中,黔东南州政府曾因本地参与招标的体育组织数量不足而三次流标,最终选择有多次政府项目承包经验的北京欧迅体育文化股份有限公司作为合作伙伴,可以看出政府在选择承包商时除考虑体育组织的专业性和社会声誉外,对政府的忠诚度也是其衡量体育组织是否合格的重要标准。

三、体制内外包模式

(一)体制内外包模式的特征

体制内外包模式是指政府将公共体育服务的生产和供给外包给与政府有依附关系的事业单位或社会组织,以获得符合期望的公共体育服务。由于承包商较少、保障公共体育服务公益性质、有效转移部分政府职能、推进政府部门体制改革等多重原因,体制内外包模式作为特定条件下竞争模式的替代方式,在政府推进公共体育服务合同外包运作中发挥着重要作用。在我国当前非政府体育组织规模小、力量薄弱的现实国情下,政府更偏好与那些从政府部门剥离出来的,或者直接由政府发起成立的事业单位、社会组织和民办非企业单位合作。这类组织虽然在形式上大多与政府没有直接的行政附属关系，但是在人事、资金等多个方面仍与政府存在依附关系。除正式合同规定的合作关系外，政府行政指令对承包商的影响较大，有时甚至超过正式合同。

与竞争模式和谈判模式相比，体制内外包模式的特征可归纳为以下几点：

（1）政府与承包商之间存在依附关系。体制内外包模式中政府所选择的承包商通常有以下两种情况：① 该社会组织是政府为转移部分公共服务生产职能而重新组建成立的社会组织，由政府主导；② 该社会组织在人事、资源等方面与政府存在较强的依附关系，包括改制的企业、社会公益性组织和民办非企业单位等。这些组织的员工虽然都是面向社会公开招聘的，但是组织的高层管理人员通常是由政府直接委派，运营资金同样由政府主导支配。

（2）运作过程非竞争性。体制内外包模式运作过程不具有竞争性，政府通常不会进行公开招标，而是采用单一来源采购的方式直接将公共体育服务生产外包给体制内的唯一承包商，也可以说承包商获得的公共体育服务合同外包项目是由政府直接授予的，而非通过公开竞争获得。

（3）行政干预明显。在体制内外包模式中，政府出于对保障公共体育服务公益性、增强政府控制力等因素的考虑，除了通过与承包商签订正式合同以规范承包商的生产行为之外，更多的是利用行政关系干预、管控承包商的经营行为。从一定程度上来说，政府与承包商之间的地位并不对等，更倾向于是上下级关系，这种非正式的行政关系有时甚至会超过合同关系。

（二）体制内外包模式的适用条件

体制内外包模式作为特定条件下竞争模式的替代方式，在承包商数量不足、政府组织资源较少的情况下可以发挥巨大优势，也就是说体制内外包模式有其特定的适用条件，可以概括为以下几点：

（1）承包商数量较少或者无承包商。在体制内外包模式中，潜在承包商数量不属于政府考虑范围，政府通常会选择由政府主导成立的现存的体制内社会组织或从政府部门剥离出来的企业和非营利组织作为单一采购来源，直接通过行政指令委派外包项目。因此，应用体制内外包模式的公共体育服务不需要已形成规模的竞争性市场。

（2）公共体育服务可衡量性低。体制内外包模式对公共体育服务可衡量性要求较低，因为政府不仅可以通过正式合同来约束承包商的生产行为，还可以通过行政关系直接约束和干预承包商行为。

（3）公益性较强。公益性与社会效益较强的公共体育服务项目通常会采用体制内外包模式，因为承包商作为体制内组织会将社会效益与公民满意度放在首位，而不是将经济效益与收益放在核心位置，这可以有效保障公共体育服务的公益性，实现较强的社会效益。

（4）政府组织资源较少。体制内外包模式不需要通过漫长的公开招标流程或者组织多轮谈判协商来确定承包商，政府仅与熟悉的某一个承包商进行协商，并且在协商过程中政府始终占据主导地位，因此对政府的人力、资金、时间等资源要求较低。

（三）案例分析

案例3　北京市民族民俗传统体育运动推广服务合同外包项目①

北京市政府为进一步传承、发扬民族民俗传统体育运动项目，2019年"社区行"项目将继续充分发挥体育慈善组织的作用，继续突出以推广和传承民族民俗传统体育运动项目的主题活动为内容。通过举办各类传统体育项目活动，让更多的人了解区域特色的民族民俗传统项目和体育运动，通过组织各具特色的活动，让更多的人了解并热爱民族民俗传统项目和体育运动。因地制宜地开展运动，并将民族民俗传统体育运动与全民健身、全民健康深度融合，促进重点人群的体育活动。民族民俗传统体育运动由政府直接组织开展会出现耗时长、资金短缺、效率低下、人力不足等一系列问题，因此，政府通过单一来源采购的方式将民族民俗传统体育运动推广服务项目外包给北京市体育基金会，由各社区基层组织人员及各单项运动协会、社会体育团体人员负责具体实施，包括组织传统体育项目公益活动、开展各类体育运动比赛等。

在案例3中，政府以非竞争性行政指令方式，通过单一来源采购模式将

---

① 北京市财政局. 民族民俗、传统体育运动经费体育组织服务采购项目成交公告［EB/OL］.（2019-04-04）［2020-04-02］. https://ggzyfw.beijing.gov.cn/jyxxzbjggg/20190404/867694.html.

民族民俗传统体育运动推广服务项目外包给北京市体育基金会，北京市体育基金会与北京市体育局在人员、资金、业务、机构设置等方面存在依附关系，因此，判断北京市民族民俗传统体育运动推广服务项目的运行模式属于体制内外包模式。在案例3中，外包项目是民族民俗传统体育运动推广服务，其中涉及的内容包括开展多主题体育公益活动、组织弱势群体体育赛事、开展扶持体育社会团体发展的体育公益活动等不易衡量、专业性较强的软服务。政府通常把这种专业性较强的社会公益服务外包给与政府有依附关系的非营利性组织实施，也就是说，即使政府将推广普及民族民俗传统体育运动项目的职能通过合同外包方式转移给了北京市体育基金会，但是服务内容、服务标准、服务价格等仍是由政府确定，而非由政府和体育基金会协商或由市场调控确定。政府在选择承包商时，为保障推广普及的公益性与社会效益，直接选定北京市体育局下属的非营利性体育慈善组织，由北京市体育基金会提交相应文件、北京市体育总会审核通过后，双方签订正式外包合同。北京市体育总会支付165万元给北京市体育基金会，要求其在北京市16个区、亦庄经济技术开发区及燕山地区提供民族民俗传统体育运动的推广普及活动，这种由政府主导、非营利性慈善组织具体实施的社会公益项目具有利润低、受众广、普及性高的特点。北京市民族民俗传统体育运动推广服务合同外包项目实施框架如表4-4所示。

表4-4 北京市民族民俗传统体育运动推广服务合同外包项目实施框架

要素	内容
外包项目特征	可衡量程度低、社会公益性强的传统体育运动推广服务
外包对象	北京市体育基金会
外包方式	单一来源采购
资金来源	北京市体育总会出资，合同生效后30日内一次性结清
合同期限	合同签订日起至2019年12月31日
外包过程	1. 做出决策：鉴于我国民族民俗传统体育运动项目普及程度低、群众参与传统体育项目热情不高，北京市体育局决定联合北京市"社区行"项目，通过合同外包方式继续发挥体育慈善组织在传统体育项目推广普及方面的积极作用；制定具体实施方案、确定合同外包主要内容。

续表

要素	内容
外包过程	2. 遴选承包商，制定合同：北京市体育总会秘书处作为发包主体，委托采购代理机构北京国际贸易公司直接向北京市体育基金会邀标，北京市体育基金会提交包括报价表、技术需求偏离表及商务需求偏离表在内的相应文件，由北京市体育总会秘书处和北京国际贸易公司共同审核社会组织资格后，签订正式外包合同。 3. 执行合同：北京市体育基金会作为承包商需要在 2019 年 12 月 31 日前在北京市 16 个区、亦庄经济技术开发区和燕山地区，以及各单项体育运动协会、社会团体组织的公益活动中，开展以民族民俗、传统体育项目、科学健身、合理膳食、健康生活为主题的体育公益活动；为残疾人、孤独症人士、聋哑儿童及其家庭等弱势群体组织相适宜的体育赛事和体育公益活动；支持各单项运动协会、社会团体和基层组织所开展的各类体育运动项目比赛及公益活动至少 50 场；撰写项目结案报告。北京市体育总会作为购买方与监督方，需要向承包方提供一定的工作条件、专业技术、专业人员支持，严格监督承包方执行过程，保障项目的公益性与社会效益。 4. 评估外包成效：北京市体育总会与聘请的第三方专家共同对体育赛事与体育公益活动开展情况、群众满意度、北京市体育基金会人员服务质量、项目结案报告进行评估；北京市体育基金会负责人陈述工作开展情况。

从实际运作流程来看，北京市民族民俗传统体育运动推广服务合同外包项目是政府为推广普及民族民俗传统体育运动项目而进行的一次自上而下的行政指令式的公共体育服务供给模式改革。政府在民族民俗传统体育服务供给、人力不足的前提下，采用外部的、间接的公共体育服务供给方式以转移部分政府职能、变革政府直接生产的传统模式。为推进公共体育服务供给模式改革、大力普及民族民俗传统体育运动项目，政府采取的一系列措施具有以下特征：

（1）以非营利性体育慈善组织为承包商。为确保民族民俗传统体育运动推广服务的公益性与社会效益，只将非营利性政府组织纳入考虑范围，把公共体育服务质量、群众满意度、民族民俗传统体育运动项目普及度放在首位。

（2）以政府为核心的多元协同治理模式。在案例 3 中，政府在一定程度上打破了政府直接生产的传统供给模式，通过合同外包模式引入北京市体育基金会参与民族民俗传统体育运动推广服务，构建包括政府、北京市体育基金会和各基层组织在内的多元协同治理网络。在这一多元网络中，政府作为民族民俗传统体育运动推广项目的资金提供者、规则制定者，仍处于最核心地位。北京市体育基金会和各运动单项协会、基层组织负责具体实施。

（3）合同外包行为"内部化"。北京市体育基金会在人员组成、机构设置、资金提供和业务管理等多方面与北京市体育局存在依附关系，北京市体育基金会的人员由政府离退休人员、国有大型企业职工、体育界人士、社会知名人士及优秀运动员代表组成，业务主管单位是北京市体育局。由此可见，北京市体育基金会是由政府倡导成立的体育慈善组织，仍隶属于政府部门。

从运作成效来看，案例3中政府在一定程度上实现了合同外包的积极作用，包括以下几点：

（1）转移政府的民族民俗传统体育运动推广职能。北京市体育总会以北京市体育基金会为载体，联合各单项体育运动协会、社会体育组织和社区基层组织的力量，将开展民族民俗传统体育公益活动直接交给北京市体育基金会实际运作，将组织社会传统体育比赛交给北京市体育基金会、体育运动协会和社区联合运作。与传统的政府直接生产方式相比，合同外包方式在一定程度上将政府组织群众赛事、开展体育公益活动、推广传统体育项目等职能以契约方式向外部转移，将政府直接管控革新为政府间接管理，既保证了政府职能的有效实施，又保障了政府的主导地位与公共体育服务的社会效益。

（2）有效提升公共体育服务供给效率与质量。政府借助体育慈善组织与基层体育组织的力量大力推广传统体育公益活动与弱势群体的体育活动，满足了特殊群体的体育运动需求。民族民俗传统体育运动项目推广普及范围扩大到北京市辖各个社区、深入基层组织，有效提升群众参与度和群众满意度。同时，通过联合各单项运动协会和社会体育组织举办体育赛事，扶持非政府体育组织发展，使各组织在专业程度、运作效率等方面有较大提升。

在案例3中，存在竞争机制受损、损害社会组织独立性、质量提升与绩效改善动力不足等系列问题。

（1）竞争机制受损。北京市政府没有通过公开招标或竞争性协商等方式遴选承包商，而是通过行政指令方式指定北京市体育基金会为最终承包方，这在一定程度上损害了公共体育服务市场竞争机制。基于发包方对特定承包主体显见的、不成文的选择倾向，即政府与特定合作伙伴之间存在强连接，使公共体育服务合同外包中存在较高的隐性进入壁垒，同样不利于扶持非政府体育组织发展。

（2）损害社会组织独立性。从北京市体育基金会的角度来看，北京市体育基金会与政府之间的依附关系促使其获得政府资源的同时，也使其在合同协商与合同执行过程中处于绝对弱势地位，无法与政府进行议价，只能被动地接受政府确定的工作内容、成交价格、服务标准与绩效评价标准。对于政府而言，利用行政指令来支配和管控北京市体育基金会的运作活动，甚至增加合同以外的服务内容，不利于合同双方建立信任合作关系，会在一定程度上损害政府在合同外包实践中的公信力。

（3）质量提升与绩效改善动力不足。在案例3中，北京市体育基金会是北京市体育总会指定的唯一承包商，这在一定程度上造成民族民俗传统体育运动推广服务领域形成完全垄断市场。缺乏市场竞争力致使组织不需要不断改进自身的组织能力、组织方案、服务质量与供给效率，也可以继续获得政府资源和资金支持。在这一制度安排下，承包商必然缺乏提升服务质量与效率、改善绩效的动力。

第三节　我国公共体育服务合同外包运作问题分析

公共体育服务合同外包现阶段在我国仍是新生事物，根据公共体育服务项目的具体情况与各地的具体实践，公共体育服务合同外包的三种运作模式各有其应用价值。表4-5对三种运作模式的适用性、主要特点及优缺点进行了简要概括。

表4-5　公共体育服务合同外包三种运作模式的比较

类型	竞争程度	政府资源水平	合同双方独立性	特点、优势与适用性	缺点
竞争模式	高	高	高	充分引入竞争机制，实行高度市场化运作模式；成本低，公共体育服务专业性强；透明度高，有利于社会监督；适用于具有相对充足的开发时间和成熟的服务模式的公共体育服务项目	招投标的过程较复杂，耗时相对较长；对评标委员会和评标细则的专业程度要求较高

续表

类型	竞争程度	政府资源水平	合同双方独立性	特点、优势与适用性	缺点
谈判模式	中	中	中	政府占主导地位；政府充分考虑承包商的业绩表现与项目的契合度；适合符合外包条件的承包商数量较少的公共体育服务项目	承包商遴选受政府偏好影响较大；合同外包运作过程透明度较低；公众舆论对项目开发的影响较小
体制内外包模式	低	低	低	政府为实施某类服务特别设立，具有极高的目的和专业性；政府对承包商具有很强的控制性；对行政命令的反应快；适用于一些不能完全开放于市场运作的公共体育服务项目	形式主义过于明显；生产和供给效率低下；成本较高；政府干预性强，行政关系高于契约关系；不公开招投标过程，易造成内部腐败

通过对比上述三种运作模式的特点、适用性与优缺点可以发现，竞争模式是提高公共体育服务生产质量与效率、增加公共体育服务供给、深化公共体育服务改革、转移政府职能的最佳模式。但是，目前我国公共体育服务发展仍存在许多问题，导致竞争模式的普及存在障碍、谈判模式和体制内外包模式运作不规范。笔者在对前文三个实际案例进行分析和对三种合同外包运作模式进行总结后发现，当前我国公共体育服务合同外包运作中存在公共体育服务合同外包的法律制度不完善、合同外包的内容范围有限、合同外包行为内部化等问题。

一、缺乏完善的公共体育服务合同外包法律制度

完善的法律法规和政策配套是推动公共体育服务改革的核心外部动力。现阶段，我国公共体育服务合同外包仍处于初级探索阶段，各级政府在公共体育服务合同外包中缺乏具有普适性的法律与政策来指导实践过程。目前，政府主要依据《中华人民共和国政府采购法》《中华人民共和国招投标法》《中华人民共和国合同法》等来规范公共体育服务合同外包的运作过程。这些非专门性法律一般仅适用于体育设施购买和建设等公共体育硬服务，而各地方政府进行合同外包的项目通常都是包括赛事承办、体质测试、

体育运动指导等在内的公共体育软服务,现有法律法规难以保障公共体育服务合同外包运行过程的规范性与合法性。中央政府制定的法律与制度并不完全适用于各级地方政府,现行法律规定的发包主体、外包条目等与实际情况并不一致,致使现行法律对公共体育服务合同外包的约束力不足,不能满足各级地方政府合同外包的制度需求。① 目前,江苏省、浙江省、陕西省等多个省的地方政府都已根据国务院办公厅颁发的《关于政府向社会力量购买服务的指导意见》结合本地实际情况制定了公共体育服务合同外包的实施方法。但是,由于我国公共体育服务合同外包的经验还不足,各级政府缺乏实施公共体育服务合同外包的指导性理论和实践经验,其制定的实施方法通常操作性与实践性不强,考核办法不具有普适性和标准性,这直接导致公共体育服务供给质量较差、效率低下。这种各省市各行其法、缺乏全国统一管理办法的状况,不利于公共体育服务合同外包的长远发展。

二、公共体育服务合同外包的内容范围有限

目前,我国公共体育服务合同外包仍处于初期起步阶段。虽然一些地方政府出台了关于公共体育服务合同外包实施的暂行办法,但是并未对具体的合同外包范围做出明确规定。现阶段,各地方政府实施合同外包的公共体育服务范围有限,主要包括体育赛事与活动承办、体育场馆开放和学生体质监测等方面,大部分公共体育服务未被纳入合同外包范围,一些重大公共体育服务项目仍由政府直接生产和提供,政府并未将这部分服务的生产职能向外部转移。此外,东部沿海发达地区政府较多地实施公共体育服务合同外包工作,大部分欠发达地区政府尚未开展公共体育服务合同外包工作。从现阶段我国的现实国情来看,公共体育服务合同外包仍处于部分地方政府试点阶段,数量、范围和质量都有待进一步提升。

三、公共体育服务合同外包行为内部化

(一)社会体育组织竞争性不足

现阶段,我国社会体育组织发展速度较慢,据《2018年民政事业发展

---

① 谢叶寿. 政府向非营利组织购买公共体育服务研究 [M]. 芜湖:安徽师范大学出版社,2017.

统计公报》，截至 2018 年年底，全国正式登记的体育社会组织达 53 750 个，包括体育类社会团体 33 722 个，体育类民办非企业单位 19 986 个，占全国社会组织总量的 6.58%，远低于美国、英国、德国、韩国等发达国家。社会体育组织数量少、规模小、力量薄弱的现状直接导致我国政府开展的公共体育服务合同外包实践面临社会体育组织竞争不足，无法形成竞争性市场的尴尬局面。政府不得不采用谈判、体制内外包、定向购买等方式外包公共体育服务。如上述案例 2，由于参与竞争的供应商数量不足，黔东南州政府两次公开招标全部流标，后来将招标方式调整为竞争性谈判，但由于只有一家体育组织参与招标而再次流标。最后，黔东南州政府将招标方式调整为与单一来源供应商谈判协商，与北京欧迅体育文化股份有限公司签订外包合同。由此可见，现阶段我国社会体育组织因数量少、规模小、力量薄弱而竞争不足，无法形成适合合同外包模式发展的竞争性市场。

（二）存在较高的隐性进入壁垒

公共体育服务合同外包中的隐性进入壁垒是指政府作为发包主体在公共体育服务合同外包领域设定的不成文、非硬性且不违法的门槛条件、障碍或承包商标准。没有与政府合作经历的潜在承包商很难直接越过隐性门槛获得政府资源。这种隐性门槛也意味着政府偏向既有承包商，政府在招标过程中有一定的私人偏好与选择倾向。[①] 现阶段，我国各地方政府更倾向于和那些被剥离或重组的国有企业或社会团体合作，这些组织与政府在资金、人员管理和个人关系方面有密切联系，特别是那些有名气的非营利组织，大多是由政府赞助和领导的，依靠政府获得关键资源。如案例 3 中北京市体育总会将民族民俗传统体育运动推广服务项目外包给北京市体育基金会；上海市体育局将上海市民体育大联赛中多个体育项目赛事的承办外包给上海市体育局下属的各单项体育运动协会。大多数非营利性体育组织并非是完全独立于政府的法人主体，而是借助政府力量自上而下成立的社会体育组织或是间接受政府资金、人力扶持的社会体育组织。表面上是这些社会体育组织承接了政府外包的公共体育服务生产职能，而实际上是政府通过行政力量直接委派这些社会体育组织生产公共体育服务。也就是说，这些社会体育组织实质上是各地方政府向外部延伸的"次级政府"，合同外

---

① 邓金霞. 公共服务外包中是否存在隐性进入壁垒？[J]. 中国行政管理，2016（05）：53-58.

包行为呈现严重"内部化"。而真正的由民间创办的独立非政府体育组织，因规模小、知名度低、对政府忠诚度有待考察等因素很难直接接触并获得政府资源。公共体育服务合同外包中存在较高的隐性进入壁垒，这不仅不利于真正实现政府职能转移与政府行政改革，更不利于培育社会体育组织生产公共体育服务的积极性。同时，真正具有独立性的非政府体育组织在公共体育服务合同外包中也很难与政府处于平等的谈判和协商地位。首先，非政府体育组织在资源和资金募集方面的能力远低于政府。其次，群众对政府的信任程度与依赖程度高，非政府体育组织缺乏基本的社会认可。在非政府体育组织能力不足、规模较小的情况下，非政府体育组织大多处于弱势被动地位，很难与政府建立平等的谈判与协商关系，这在一定程度上削弱了非政府体育组织参与公共体育服务生产与供给的积极性。

（三）政府监督力度不足

现阶段，各地方政府已出台有关公共体育服务合同外包的实施办法，监督公共体育服务合同外包的运行过程。但是，我国公共体育服务合同外包仍处于发展初期，监督机制尚不成熟，在监督主体、监督对象和监督内容等方面都存在问题。

首先，在监督主体层面，尚未建成多元主体监督机制，主要实行单一的政府内部监督，社会监督、第三方专业监督和群众监督缺失，直接造成监督客观性与时效性低下等问题。一方面，政府资金、人力和资源有限，很难真正实现实质监督、全程监督、全面监督和实时纠错。另一方面，政府与许多非营利体育组织存在一定程度的依附关系，单一的政府内部监督很难有效防止腐败的滋生。此外，忽略社会监督、第三方专业监督和群众监督，有损公民参与的积极性，不利于提升监督效率。群众作为公共体育服务的消费者，直接体验与享受政府与社会组织提供的公共体育服务，理应成为公共体育服务最核心的监督主体之一。然而，现有的监督机制并未有效发挥社会监督、第三方专业监督和群众监督的作用。

其次，监督对象片面化。从上述公共体育服务合同外包实践案例中可以看出，我国公共体育服务合同外包运行中主要的监督对象是作为承包商的社会体育组织，几乎没有提及对政府自身的监督。合同外包是由多元主体构成的复杂运行网络，政府职能部门作为发包方，是运行网络中必不可少的一环，理应同社会体育组织一样接受政府内部监督、社会监督、第三方专业监督和群众监督。目前，各地方政府在运作公共体育服务合同外包项目的过程中，把政府职能部门置于监督系统之外，这样不仅无法实现提高公共体育服务质量、效率和群众满意度的合同外包目的，反而有可能引发一系列损害国家与公民利益的行为。

最后，在监督内容层面，监督内容不全面、监督标准不明确仍是亟待解决的问题。《中华人民共和国政府采购法》规定，政府采购监督管理部门应当对集中采购机构的采购价格、节省资金效果、服务质量、信誉状况、有无违法行为等事项进行考核。但是，在实际操作中很难彻底实行标准化监督。目前，公共体育服务合同外包中存在外包行为内部化、制度供给不足和供应商竞争性市场尚未形成等问题，所以政府职能部门很难针对承包方的组织资质、人员资格、资金和技术能力制定普适性监督标准。此外，由于实行合同外包模式的公共体育服务项目大多是体育赛事承办、体育场馆开放和体质监测等软服务，政府很难具体量化公共体育服务的价格、质量及成本标准，监督存在障碍。

（四）绩效评估制度存在缺陷

绩效评估主要包括政府职能部门评估、政府委托第三方评估和独立第三方机构评估三种方式。现阶段，我国各地方政府主要采用的是政府职能部门评估和政府委托第三方评估。政府委托第三方评估通常包括引入专家组与政府人员组成评估小组或委托借助政府力量成立的半官方评估机构，这些方式与政府职能部门评估本质上没有区别，并未脱离单一的政府内部评估模式。仅采用政府内部评估而忽视独立第三方机构评估，未建立多元主体绩效评估机制。评估体系按照行政机制运行，行政意志是影响评估结果的重要因素[①]，不利于提升公共体育服务合同外包绩效评估的信效度。目前，各地方政府少有采用独立第三方机构评估，一方面是因为我国非政府性的第三方评估机构尚未发展成熟，其专业性与规范性有待提升；另一方面是因为公众对独立第三方评估机构缺乏基本的信任，而政府评估具有一定的权威性与社会公信力，并且政府直接评估社会组织可以做到及时监督。但是，将独立第三方评估机构排除在多元评估主体之外，不仅不利于健全

---

① 冯维胜.政府购买公共体育服务的第三方评估研究：以承接方的选择评估为例［D］.上海：上海体育学院，2018.

我国绩效评估机制,也不利于提升政府职能部门工作效率与工作质量。

公共体育服务合同外包绩效评估体系应当包含效率评价与效果评价两个方面,既要保障公共体育服务供给成本和供给数量,又要保障公共体育服务质量和群众满意度。但目前,各地方政府评估部门尚未出台科学的公共体育服务合同外包绩效评估体系,存在重效率评价轻效果评价的问题,导致公共体育服务合同外包一直无法突破"自上而下"的模式。评估人员专业知识储备不足;没有法律法规规定的、系统的、科学的评价标准,造成评价随意性较大;评价方式的客观性不足,主要以听取汇报和检查作为评价方式。[①]

本章小结

现阶段,我国公共体育服务合同外包运作模式主要包括竞争模式、谈判模式和体制内外包模式三种,从三个实际案例运作的成效来看,竞争模式是提升服务质量、提高生产效率、转变政府职能、深化公共体育服务改革的最佳模式。但是,由于我国仍存在配套法律与政策不完善、合同外包范围有限、外包行为内部化、监督力度不足和绩效评估体系尚未成熟等问题,公共体育服务合同外包竞争模式目前在我国很难进一步进行普及性推广。为进一步推广竞争模式、规范谈判模式与体制内外包模式的运作,必须尽快出台公共体育服务合同外包相关法律与政策、完善公共体育服务相关政策法规体系建设、重视培育公共体育服务供方市场、建立公平合理的招投标机制、完善公共体育服务合同外包监管机制、加强公共体育服务合同外包绩效评估体系建设,这也是现阶段我国推动公共体育服务改革、转变政府职能、增加公共体育服务供给方式的必由之路。

---

① 王占坤,吴兰花,张现成.地方政府购买公共体育服务的成效、困境及化解对策[J].天津体育学院学报,2014,29(05):409-414.

第五章　国外公共体育服务合同外包中政府责任的经验借鉴

20世纪60年代到80年代，为缓解政府财政压力、降低公共体育服务供给成本，美国、英国等国家摒弃传统的公共体育服务供给方式，走上公共体育服务供给机制改革的道路。我国尝试公共体育服务合同外包相对较晚，始于20世纪90年代，随着人民群众对公共体育服务的需求日趋多元化，政府单一的传统提供方式已逐渐不能适应社会的需要，无论是在数量上还是在种类上都已无法满足人民群众的需求。2013年，国务院办公厅印发《关于政府向社会力量购买服务的指导意见》，我国公共体育服务市场化改革迎来历史的新篇章。尽管中西方公共体育服务合同外包在改革动因、目标和管理体制等方面均不同，但是国外公共体育服务合同外包起步早、范围广、实践历史长，已取得深入而全面的理论成果和成熟又丰富的改革经验，拥有一套完整的操作流程和治理体系。这些完善而又成熟的操作流程和治理体系，让西方国家政府在公共体育服务合同外包中承担的责任相对清晰、明确。这对公共体育服务合同外包的研究和实践还处于探索阶段的我国来说，具有重要的借鉴意义。本书通过对实行"社会主导型"主体供给机制的美国、实行"综合型"主体供给机制的英国和实行"政府主导型"主体供给机制的日本三个国家的公共体育服务合同外包的研究，总结出这三个国家政府在公共体育服务合同外包中的主要责任，为构建我国公共体育服务合同外包中政府责任的实现机制奠定基础。公共体育服务是受国家政治体制、经济水平和文化传统影响较大的一个领域。19世纪到20世纪70年代，发达国家不断扩张政府职能以建设福利国家，公共体育服务由政府垄断供给。20世纪70年代末，以英国撒切尔政府改革为起点，发达国家通过行政改革打破政府垄断。但因国情不同，各国的改革原因、方式、范围、力度和规模也有很大的不同，如英国和美国是盎格鲁-撒克逊改革模式的代表，坚持市场导向和竞争机制，强调效率与效益，20世纪90年代后开始重视社会效益；日本借鉴英美等国的经验与教训，循序渐进地引入市场机制与竞争，注重效率、质量和公平的统一。因此，各国的非政府组织在供给主体中所占比例和发挥的作用各有不同，最终形成的公共体育服务供给模式也各有特点，但是引入市场机制以打破政府垄断，逐步构建公共体育服务多元治理模式的发展趋势是一致的。从政府垄断到市场化改革，再到构建政府、市场、非营利组织和社会力量的多元治理模式，发达国家公共体育服务经历了从政府到市场、再从市场到政社企合作这一不断自我否定与自我发展的过程。

第一节　美国公共体育服务合同外包的经验借鉴

一、美国公共体育服务合同外包的发展历程

美国公共体育服务发展历程也是我国学者研究的热点之一，通过梳理美国公共体育服务发展历程，根据不同时期美国实行的不同政策，总结美国大众体育发展的特点。孙春霞（2007）认为美国的公共服务供给模式一直采取的都是 PPP（Public-Private Partnership）模式即公私合营模式，只是在不同的历史时期呈现出不同的表现形式，她以20世纪80年代为界限将美国公共服务供给模式划分为传统 PPP 模式和现代 PPP 模式，强调美国社会组织发展时间长且发达程度高。① 史小强（2014）认为美国的公共体育服务发展经历了三个时期——自由主义盛行阶段、政府职能扩张阶段、政企社相结合阶段。② 谢叶寿（2017）从20世纪80年代后美国两届政府的民营化改革出发，具体分析了里根政府在"民营化运动"中和克林顿政府在"重塑政府运动"中对公共体育服务的改革方向和内容。③ 马德浩等（2016）认为美国的公共体育服务政策具有明显的政党性倾向，民主党阵营和共和党阵营对公共体育服务的管理方式有很大的区别，并且美国公共体育服务

---

① 孙春霞.现代美国城市公共服务供给机制研究：兼论其对我国城市公共服务供给机制改革的启示 [D].武汉：华中师范大学，2007.
② 史小强.美国公共体育服务体系研究 [D].上海：上海体育学院，2014.
③ 谢叶寿.美国政府购买公共体育服务的经验与启示 [J].南京体育学院学报（自然科学版），2017，16（03）：6-11.

发展的几个重大变革时期均在民主党执政时期。① 朱毅然（2019）指出当前美国公共体育服务已经形成了成熟的社会导向型多元化供给模式，承接主体以体育非营利组织为主并且重视招标过程中的竞争性选拔，监管和绩效评估由独立、专业化的第三方组织负责，政府仅在宏观层面起辅助性作用，是社会导向型模式的代表国家。②

综上所述，20世纪80年代美国政府借鉴英国新公共管理运动改革经验，开始大规模实行公共体育服务外包。

回溯美国公共体育服务改革发展，主要分为以下三个阶段：

（1）政府干预时期：罗斯福新政前美国的政府和民众都奉行极强的自由主义，政府一直扮演"守夜人"的角色。20世纪30年代，美国经济危机使市场弊端暴露，罗斯福上任后扩张政府职能、加强政府对经济和公共服务的干预，实行社会服务国有化供给。政府干预模式致使联邦政府财政负担日益加重，加之20世纪80年代初美国经济滞胀，使公共体育服务供给效率和质量不断下滑。

（2）民营化时期：1981年，里根政府推进民营化改革运动，倡导在公共部门的管理中引入私人部门的管理经验，强调竞争与效率，这一时期，美国公共体育服务领域的外包范围主要是体育设施的修建和管理及赛事承办等方面，其成功案例首推1984年洛杉矶奥运会运营的市场化，洛杉矶奥运会组委会将洛杉矶奥运会的管理、宣传和产品推销等工作外包给阿瑟尔＆尤伯罗斯公司。但是，民营化改革也导致大量腐败滋生，里根政府被美国人诟病为"最腐败的一届政府"。

（3）多元治理时期：1993年，克林顿政府以打造少花钱多做事的政府为目标推进"重塑政府"运动，在追求竞争与效率的基础上引入绩效管理机制。与里根和布什政府推行的民营化改革相比，"重塑政府"运动重视社会效益与公民满意度，坚持结果导向与顾客导向，强调政府与非营利组织、社会力量建立长期合作伙伴关系。美国公共体育服务经历多届政府改革，政府不再通过行政手段直接参与公共体育服务供给，地方政府将公共体育

---

① 马德浩，季浏. 英国、美国、俄罗斯公共体育服务的发展方式［J］. 体育学刊，2016，23（03）：66-72.

② 朱毅然. 美国政府购买公共体育服务的经验与我国路径推进［J］. 西安体育学院学报，2019，36（05）：513-519.

服务供给外包给市场和非营利体育组织,仅通过法律手段规范外包行为。美国公共体育服务体系已形成社会组织在生产、供给和监管上处于强势地位,政府在宏观上起辅助作用的政社企多元主体供给模式。

美国的公共服务合同外包开始于20世纪七八十年代,在经历了财政危机之后,美国政府部门为了削减政府内部开支、缓解外部财政压力、提高公共服务供给效率,开始对公共服务领域进行市场化改革,主要涉及公共工程和交通、公用事业、公共安全、保健和人力服务、公园和休闲、文化艺术、辅助服务七大领域,公园和休闲领域中包括体育领域。美国公共体育服务市场化改革的手段多样,包括合同外包给营利组织、合同外包给非营利组织、政府间合作、特许经营、补贴和志愿服务。其中,我们将合同外包给营利组织和合同外包给非营利组织统称为公共体育服务合同外包。在体育领域,公共体育服务的民营化与外包主要发生在体育设施建设和管理及赛事承办等方面。美国政府制定的与公共体育购买相关的法律文件多达400余个,其中主要有8部法律,这些法律法规为规范政府购买公共体育服务提供了保障。

在不同的历史阶段,美国公共体育服务的供给主体及其参与方式是不一样的,大致可以分为以下三个阶段:

第一个阶段为(1933年之前)罗斯福新政前,这一时期为美国公共体育服务的自由发展阶段。在实施罗斯福新政之前,美国政府奉行的经济政策是自由放任政策,无论是在什么领域,美国政府和社会都认为应由市场决定一切,反对国家干预。所以,在此期间,美国政府对公共体育服务的干预有限,公共体育服务主要由市场和社会体育组织供给。

第二阶段为(1933—1980年)公共体育服务的政府重度干预阶段,为了缓解经济大萧条带来的经济危机和社会矛盾,罗斯福总统上任后,开始增加政府对经济的直接或间接干预,大力兴建公共工程。美国政府在公共体育服务领域的参与度也大幅提升,开始接手体育管理事务,一方面通过成立负责管理休闲体育的政府部门,如1958年联邦政府成立了"户外休闲资源审查委员会",1962年联邦政府在内政部设立了"户外游憩局",对公共体育活动进行协调、指导与管理;另一方面通过制定相关法律制度引导公共体育服务发展,如美国国会在1965年通过了《联邦规划休闲法》《联邦水上娱乐法案》,在1968年通过了《国家探险路径法》《野外风景区法案》，对休闲体育设施建设做出了新规定，为户外运动资源的拓展提供了制度保障。体育场地设施是美国政府重点管理对象，美国政府着重修建公共体育设施，开发体育资源，在近1700个城市建立了公园管理系统，形成了遍布全国的休闲公园，从而为公民参与公共体育运动提供场所保障。这一时期，美国公共体育服务以联邦政府为主要供给主体，政府垄断式供给。1970年以后，美国各州政府开始更多地承担修建体育设施的职能，通过各种方法筹集资金，实现了相对自给自足的体育设施供给模式，从而不必过多地依赖联邦政府。① 而联邦政府更多的是从法律法规和政策层面对美国大众体育进行规范和扶持。但在1978年，由政府主导来提供公共体育服务的局面开始转变，美国国会出台了《业余体育法》，它是当时美国唯一专门针对竞技体育的业余体育运动而制定的联邦法案，保障了相关业余体育活动的开展，并确立了美国奥委会非政府、非营利的性质及其权利与义务和国内单项体育联合会相关权利与义务，由此，美国公共体育领域形成了以美国奥委会为主导，国内单项体育联合会为下级组织的垂直管理体系。《业余体育法》的出台也暗示了美国政府官僚主义的作风、过度干预体育事业的体制与业余体育的运营和发展的不适应性。

第三阶段为（1980年以后）公共体育服务的民营化阶段，在该阶段，公共体育服务合同外包开始出现。在经历20世纪80年代前后的财政危机后，美国联邦及地方政府为减少政府财政支出、提高公共服务的供给效率，开始在公共服务领域大规模推行民营化，在克林顿政府推行"重塑政府"运动的改革后，美国政府逐步探索出公共服务合同外包、公私合作、地方间合作的公共体育服务供给方式。1992年，在"美国城市利用签订合同由私人提供公共产品的情况"的调查中，美国有12个州及地方的公园和娱乐设施管理采用合同承包形式。②

二、美国公共体育服务供给主体及其分工

美国没有专门的体育行政管理部门，也没有垂直的行政体制来管理体育活动，美国公共体育服务供给主要是由政府、非营利组织和营利组织等

---

① 史小强. 美国公共体育服务体系研究［D］. 上海：上海体育学院，2014.
② 史小强. 美国公共体育服务体系研究［D］. 上海：上海体育学院，2014.

主体共同参与完成的，如图 5-1 所示。美国虽然没有专门的体育行政管理部门，但是各个行政部门在管理体育事务上依旧分工明确，各司其职。

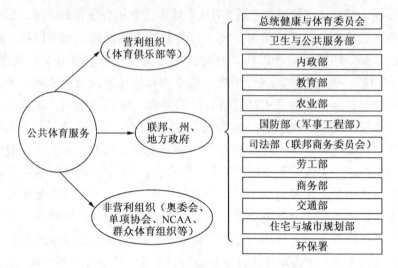

图 5-1　美国公共体育服务供给主体

首先是政府。联邦政府的主要职责是为促进大众体育的发展提供咨询、监督和决策；负责群众体育活动的土地和水资源的规划和管理；向州和地方政府提供场地设施的规划和开发资金；组织各种体育活动；制定法律法规。① 总统健康与体育委员会负责宣传组织大型体育活动，科学指导健康生活方式，对公民进行体育健康教育。卫生与公共服务部主要负责公共卫生服务、康复服务管理及提供资金用于全国体育休闲协会组织开展培训。内政部（包括国家公园管理局、土地管理局、开垦局等行政机构）主要负责管理户外运动休闲场地，开发户外体育场地资源。教育部主要负责儿童和残障儿童体育教育及参与休闲体育活动场所的提供。农业部主要负责向州农业部提出休闲体育土地使用建议。国防部主要负责管理美国工程兵团的水上活动场所。司法部主要负责批准职业体育俱乐部的合并与收购。劳工部主要负责拨款资助城市体育与休闲项目。商务部主要负责解决体育法律事务。交通部提供去公共体育活动场地的交通。住宅与城市规划部提供城市的公共体育娱乐设施的资金。环保署资助"老龄化健康社区"项目，改

---

① 程丹. 中美大众体育管理形式的比较研究 [D]. 长沙：湖南师范大学，2015.

善老年人体育锻炼的环境与设施。① 根据联邦政府下属的这 12 个行政部门对公共体育服务所承担的不同职能，可以将其分为两种类型：一类是制定公共体育服务政策和计划的部门，主要由总统健康与体育委员会和卫生与公共服务部构成；另一类是执行相关政策和计划的部门，主要由内政部、教育部等其他部门构成。除联邦政府之外，州、地方政府同样也会提供公共体育服务，它们主要负责开发和管理各类体育健身休闲资源，让公民拥有更多参与体育健身活动的机会。所以，无论是由联邦政府供给还是由州或地方政府供给，美国公共体育服务的供给并不是由一个部门负责，而是由多个相关部门共同参与、共同规划。

其次是非政府组织。非政府组织可以分为营利组织和非营利组织，除了前文已出现的美国奥委会，非营利组织还包括美国志愿组织、美国体育休闲协会、非营利体育俱乐部、基督教青年会、全国性学术团体、大学生与学生体育协会等相关组织。然而，美国营利性社会组织的规模相对较大，大量的市场企业、商业性俱乐部也会参与休闲体育服务的供给。美国的非政府组织已经发展得比较成熟，在美国公共体育服务的供给中占主要地位，这与美国大力支持社会体育组织发展紧密相关，从政策优惠到财政补贴再到法律保障，美国宪法强调"社会组织的自由经营和自我管理具有无上权威"，保障了社会组织在社会中的主体地位，再加上市场经济的作用，美国公共体育服务与市场和社会机制实现了有机融合，从而形成了以社会为主导的公共体育服务供给机制。

三、美国公共体育服务合同外包的参与主体及政府责任

美国政府很少直接参与公共体育服务供给，社区是实现美国公民体育需求的主要阵地，公民体育活动场所主要集中在社区健身场地和周边体育公园，所以提供财政支持和修建社区体育场地设施是美国政府参与公共体育服务的重点。这样既能为每个公民参加体育活动提供场所保障，也能通过资金和场地设施的供应，培养社会体育组织的发展，减轻社会体育组织营运的负担，如此一来，美国政府便可以将执行任务和其他管理职能尽可能地转移给社会体育组织。在"小政府"理念的指导下，美国成立了专业

---

① 周兰君. 美国大众体育管理方式管窥 [J]. 体育学刊, 2010, 17 (09): 45-49.

的管理部门，即联邦总务署，全面负责政府购买工作。

（一）美国公共体育服务合同外包的购买主体及政府责任

由表 5-1 可知，美国公共体育服务合同外包的购买主体由联邦政府、州政府、地方政府共同构成，购买方式有合同外包、特许经营、凭单制和使用者付费。联邦政府、州政府和地方政府的责任不同，联邦政府主要通过两种途径参与公共体育服务合同外包，第一种是制定相关法律制度来保障公共体育服务合同外包的正常运行及规范政府的购买行为，如《联邦政府采购条例》《合同竞争法》《联邦政府采办法案》；第二种是提供公共体育服务合同外包的资金，联邦政府、州政府和地方政府在财政上的联系主要是上级政府给下级政府拨款。[①] 州政府会对地方的公共体育服务合同外包工作进行监督，而地方政府的地方休闲委员会负责公共体育服务合同外包的具体工作。

表 5-1　美国公共体育服务合同外包的参与主体

购买主体	承接主体	使用主体	监督与评价主体
联邦政府 州政府 地方政府	营利性体育组织 非营利性体育组织 地方政府	每一位公民	联邦、州、地方政府 公民 舆论媒体

决策也是地方政府的主要责任之一，当地方政府确定某项公共体育服务由政府进行外包时，政府必须在对以下几个方面进行深入分析后才能决定是否选用合同外包的方式：第一，该项体育服务是否需要合同外包（需要考虑公民对此项体育服务质量的敏感性、此项体育服务的可测量性及合同外包的成本）；第二，该项体育服务实施合同外包的可行性分析（三个方面：竞争主体的数量，体育服务内容能否标准化，服务成本估算及地理位置）；第三，是否有众多有资质的协会、社团组织和俱乐部等参与此项目的竞标；第四，根据此项体育服务特性对公共体育服务合同外包的部门进行选择。确定合同外包方式之后，从招标会到筛选投标，再到签订合同，美国地方政府都要求行政公开，强调责任。

---

① 朱毅然. 美国政府购买公共体育服务的经验与我国路径推进 [J]. 西安体育学院学报，2019, 36 (05)：513-519.

（二）美国公共体育服务合同外包的承接主体

美国公共体育服务合同外包的承接主体主要有三类，即营利组织、非营利组织和地方政府。公共体育服务不同于其他外包项目，具有较强的公益性和专业性，所以，美国政府一般会更倾向于外包给非营利性体育组织。非营利性体育组织主要开展各种志愿性的公益性体育活动和服务，并且相对于营利性体育组织来说，专业性更强，能够提供更为专业的公共体育服务。当然，美国非营利性体育组织的发展与美国政府的培养密不可分。正是因为非营利性体育组织的迅速发展，美国公共体育服务合同外包才能够形成有力的竞争性市场。

营利性体育组织也是美国公共体育服务合同外包的承接主体之一，但与非营利性体育组织相比，营利性体育组织的本质属性与公共体育服务相矛盾，这在某种程度上限制了其承接公共体育服务的范围，非基本公共体育服务更适合外包给营利性体育组织。美国最具代表性的营利性体育组织是各类体育俱乐部，相对于基础公共体育服务来说，体育俱乐部可以提供更好的运动条件、更专业的体育指导、更具休闲娱乐性的体育活动，能迎合部分群体的体育需求。因此，在美国这个体育人口数量占总人口数量75%的国家，许多公民是愿意付费加入私人体育俱乐部的。一般情况下，美国政府会根据服务项目的特性，在部分非基本公共体育服务合同外包中，优先考虑营利性体育组织。但是，美国政府也会对其加强监督，以保障公共体育服务顺利供给。

同样，地方政府也可以承接公共体育服务合同外包项目，这是美国特有的一种公共体育服务合同外包形式，政府间合同外包实质上是一种政府间合作的形式，可以促进政府间的合作与竞争。地方政府之间的公共服务合同外包需要地方政府共同努力，建立相互联系、信息共享和相互合作的平台和协调机制。[①] 实际上，这种跨区域信息交流和协调平台在美国很普遍，它是外包给私人公司的最常用替代方法。这种方式不仅保证了政府之间相互使用规模经济，而且还使政府能够在各自管辖范围内保持控制权和当地身份认同。将地方政府保留在公共体育服务合同外包的承接主体中，

[①] 罗荣荣．美国地方政府公共服务外包决策研究：以制度分析和发展框架为视角［D］．武汉：华中师范大学，2014．

一方面可以增加市场竞争的多元化，防止出现公共体育服务合同外包的垄断化；另一方面可以让各地区的体育资源相互协同，理解个别地区体育资源稀缺问题，让体育资源丰富的地区带动周边地区共同发展公共体育服务，缩小区域间的公共体育服务供给水平差异。龚正伟等（2014）认为美国体育及其政策演进经历了放任（1885年以前）、发育（1885—1930年）和成熟巩固（1930年以后）三个历史时期，二战后美国政府为促进国民体质健康、协调体育事业均衡发展颁布了多项体育政策，如《健康公民》系列，美国各个时期不同的体育政策都具有非常鲜明的时代针对性。① 谢叶寿（2017）指出美国强力的法律法规是美国联邦和地方政府监管公共体育服务市场的手段，通过《业余体育法》《公共合同法》《联邦采购规则》等保证公共体育服务外包流程合法化，有效避免公共体育服务市场化和社会化过程中引发的利益冲突。②

（三）美国公共体育服务合同外包的监督与评价主体

美国公民除了是公共体育服务合同外包的使用主体之外，还有一个同样重要的角色，即公共体育服务合同外包的监督与评价主体。作为公共体育服务的使用者，公民能够切身感受公共体育服务提供流程和提供质量，并且相对于公共体育服务合同外包中的购买者和承接者，公民的监管与评价是最公平、公正的。美国民主精神要求，从公共体育服务合同外包的政策制定、政府财政预算案的编制、合同签订的整个流程到相关绩效考核都要遵循公开透明的原则，普通市民可以到地方政府相关部门自由翻阅并参与其中。

在美国，公共体育服务合同外包的监督与评价主体不仅仅由单独的公民主体组成，更多的是由美国州和地方政府选举产生的个人负责监督合同管理、财务和审计，并没有所谓的"第三方"监管。同时，在绩效评估方面，美国政府还使用独立的专业第三方评估合同外包的绩效，负责绩效评估的机构是总统健康与体育委员会的25名委员，每位委员的任期为两年，

---

① 龚正伟，肖焕禹，盖洋.美国体育政策的演进［J］.上海体育学院学报，2014，38（01）：18-24.

② 谢叶寿.政府向非营利组织购买公共体育服务研究［M］.芜湖：安徽师范大学出版社，2017.

由总统直接任命。①

美国的舆论媒体也是公共体育服务合同外包的监督主体之一,美国媒体机构在公共体育服务合同外包监管中扮演着重要角色,它们可以代表公众监督政府在公共体育服务合同外包中是否存在不良行为,或者监督承接主体在生产公共体育服务时是否损害公民利益,也可以帮助政府监督承包商在履行公共体育服务外包合同中是否有违规行为。史小强(2014)提出美国名目繁多的非营利组织和社区体育服务组织构成了推动美国公共体育服务发展的主要力量,如美国大学生体育联盟等组织都建立了成熟的筹资机制、管理机制、机构与运作机制,实现了真正意义上的社会化自治。② 尹维增等(2018)通过分析美国非政府组织供给公共体育服务的管理制度、政治机会、规模与现状和功能发挥,总结美国非政府组织公共体育服务供给经验,强调重视非政府组织在公共体育服务供给中的重要地位。③ 朱毅然(2019)在对美国公共体育服务外包经验的研究中指出,美国政府绩效型外包以服务供给的结果为导向并在服务供给过程中进行不定期阶段性评价,注重消费者对体育服务的满意程度反映,这样更容易达到公共体育服务外包的预期目的。④

第二节 英国公共体育服务合同外包的经验借鉴

一、英国公共体育服务合同外包的发展历程

英国是新公共管理运动的发源地,其公共服务改革在很多方面一直处于世界引领地位,对包括体育在内的各项社会事务都产生了重大的影响。英国公共体育服务发展历程是现阶段我国学者研究的焦点。汤际澜(2010)从英国公共服务改革中看英国体育政策的变迁,认为英国的公共体育服务

---

① 朱毅然. 美国政府购买公共体育服务的经验与我国路径推进 [J]. 西安体育学院学报,2019,36(05):513-519.

② 史小强. 美国公共体育服务体系研究 [D]. 上海:上海体育学院,2014.

③ 尹维增,张德利,李诚刚,等. 中美两国非政府组织供给公共体育服务的比较研究 [J]. 首都体育学院学报,2018,30(06):502-504,514.

④ 朱毅然. 美国政府购买公共体育服务的经验与我国路径推进 [J]. 西安体育学院学报,2019,36(05):513-519.

是随着英国不同政党上台后公共服务体系的改革而革新的。① 谢叶寿等（2016）认为英国的公共体育服务外包大致经历了"强制性竞标""最佳价值"和"大社会"三个阶段，英国的公共体育供给同时也经历了从福利取向型到市场取向型再到社会取向型的转变。② 姜熙（2014）指出英国公共服务领域的改革指导公共体育服务的发展，"强制性竞标"到"最佳价值"是英国公共服务发展进程中的重要转折，对英国公共体育服务的发展产生了深远的影响。③ 马德浩等（2016）从发展理念、运行机制和管理体制三个方面分析了英国公共体育服务的演变，指出虽然经过曲折的革新，但英国公共体育服务始终坚持以民为本的发展理念，并总结出当前英国公共体育服务以社区体育为基础、以构建多元化合作机制为主要内容的运行特点。④ 王占坤（2017）根据提供公共体育服务主体的不同，将英国公共体育服务发展历程分为福利国家制度的公共体育服务供给模式、公共体育服务市场化模式和公共体育服务的多元化治理模式三个阶段。⑤

综上所述，英国公共服务体系的建设已有百年历史，但是大规模的公共体育服务外包始于20世纪80年代英国公共服务改革，回溯英国公共体育服务发展历程，主要可以分为以下三个时期：

（1）福利国家时期：英国早在伊丽莎白时代就建立了公共服务体系的雏形，到1945年工党领袖艾德礼执政后开始构建"从摇篮到坟墓"的福利国家，英国公共服务供给从自给自足转向政府无所不能、无所不包的福利国家模式，英国政府成立中央体育管理部门直接管理体育、垄断公共体育服务供给，这种传统的政府垄断公共服务模式在历经三十多年发展后最终以政府失灵结束。

---

① 汤际澜. 英国公共服务改革和体育政策变迁［J］. 南京体育学院学报（社会科学版），2010, 24（02）：43-47.

② 谢叶寿，阿英嘎. 英国政府购买公共体育服务的实践与启示［J］. 体育与科学，2016, 37（02）：66-70.

③ 姜熙. 从"强制性竞标"到"最佳价值"：英国政府公共体育服务政策发展、改革与启示［J］. 天津体育学院学报，2014, 29（06）：478-483.

④ 马德浩，季浏. 英国、美国、俄罗斯公共体育服务的发展方式［J］. 体育学刊，2016, 23（03）：66-72.

⑤ 王占坤. 发达国家公共体育服务体系建设经验及对我国的启示［J］. 体育科学，2017, 37（05）：32-47.

(2) 私有化时期：20世纪70年代末，撒切尔政府为减轻政府财政负担、提升政府行政效率提出"强制性竞标"政策，倡导以私有化代替国有化。撒切尔政府颁布的《地方政府规划与土地法》规定除社区体育俱乐部和学校体育场地设施等无法进行市场化的最基本的公共体育服务外，所有非基本公共体育服务都要进行强制性竞标以推动其市场化改革。撒切尔政府推行的强制性竞标政策虽然以追求低供给成本为目标，但是造成了昂贵的交易成本，忽视了公共体育服务的社会效益，引起了公众的不满。

(3) 多元治理时期：1997年，布莱尔领导的新工党执政后大幅改革体育管理部门，成立具有独立法人资格的英国体育理事会，推行"第三条道路"和"最佳价值"政策以修正公共体育服务的购买方式。布莱尔政府强调应将非营利性体育组织、市场和个人作为公共体育服务的关键治理主体，即在强调市场竞争性的基础上，有效实行社会自治公共体育服务。2002年，英国中央政府在"最佳价值"评价模式的基础上引入"综合绩效评估"（Comprehensive Performance Assessment，简称CPA），通过建立更为细化的评价指标来评估公共体育服务合同外包质量。2010年，保守党领袖卡梅伦执政后提出"大社会"计划，不仅继续推进与非营利组织建立长期合作关系的多元治理模式，更强调"还政于民"，鼓励公民参与公共体育服务供给和监管。经历多届政府改革，英国已经建立起成熟的公共体育服务运行机制，数字、文化、媒体和体育部不直接参与供给而是负责政策制定与规划，其下属的英国体育理事会负责管理公共体育服务具体事务，将具体的公共体育服务供给外给给市场和非营利组织，由这些社会组织直接向公众提供公共体育服务，形成多元主体供给模式。

20世纪70年代末，英国政府开始大规模地向社会组织购买公共体育服务，踏上公共体育服务的改革道路，这次公共体育服务市场化改革持续至今，大概可以分为三个阶段，如图5-2所示。

第一阶段（1979—1996年）被称为撒切尔夫人时代，撒切尔大人为挽救英国政府财政收入捉襟见肘的局面，在公共服务领域引入市场竞争机制，把能"扔"向市场的公共服务都"扔"出去，不能"扔"出去的则发挥合同的作用将其外包出去。这一阶段的改革核心是"强制性竞标"政策，这意味着必须通过市场竞争机制来选取效率更高的生产者提供公共服务，即使是地方政府也需要与其他私有机构和社会组织等机构一起参与竞标以获得提供公共服务的机会。"强制性竞标"包括以下八个步骤：竞标公告的发布；有意向竞标者的初步反馈；发送调查表和提纲细节；确定正式参与的竞标者（回收调查结果），这一阶段可能会有部分有意参与的竞标者退出；正式邀请竞标（发送合同文件）；递交标书；评标与开标；签订合同。① 1988年，英国《地方政府法》的施行确立了公共体育服务"强制性竞标"政策的法律地位，根据1989年《地方政府法》修正案，"强制性竞标"适用于除教育性质设施和乡村、社区中心用于体育和休闲的设施管理服务以外的所有领域。② 也就是说，基础体育场地设施与场馆是撒切尔夫人时代实施"强制性竞标"政策的主要领域。

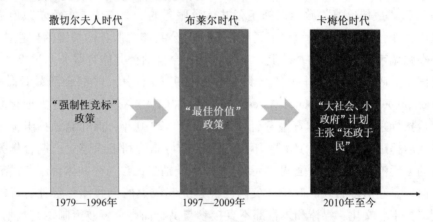

图 5-2 英国公共体育服务合同外包发展阶段

第二阶段（1997—2009年）为布莱尔时代。虽然撒切尔政府通过公共服务市场化改革提高了公共部门的服务效率，但是过于纯粹的市场竞争机制无法保证公共服务的质量，这种激进的公共服务市场化改革并没有维持很久，在布莱尔政府组建后，英国公共体育服务合同外包迎来第二阶段。布莱尔政府在延续撒切尔政府和梅杰政府公共服务市场化改革方向的基础上，提出公共服务改革有两条原则性的价值取向，即"服务于民"的执政理念和"以人为本"的指导思想，并重新修改了公共服务的改革路线，以

---

① Audit Commission. Realizing the benefits of competition：the client role for contracted services [M]. London：HMSO，1993.

② 姜熙. 从"强制性竞标"到"最佳价值"：英国政府公共体育服务政策发展、改革与启示[J]. 天津体育学院学报，2014，29（06）：478-483.

更好地回应公民需求,更好地保证公共服务质量,从而实现公共服务"最佳价值"政策的核心内容。

在"最佳价值"政策下,地方政府在公共体育服务建设中发挥着关键作用,具体表现在:① 参与规划基本的绩效检查计划,了解外界如何看待它们的绩效;② 公布"最佳价值"计划,有义务对过去、当前公共体育服务做出绩效报告,公布年度"最佳价值"绩效计划,参照中央政府建立的绩效指标和标准,与公共体育服务使用者进行协商,根据社区的需求,公布"最佳价值"的详细内容,确定计划、优先发展事项和改进目标;③ 根据地方资源与民众需求确定公共体育服务优先发展的内容,地方政府要根据民众的期望、地方资源情况来提供价格合理、符合民众需要的高品质公共体育服务。① 经过近五年的实践,基本完成从传统的指令性改革到各部门自觉改革的转变,用责任替代过去的强制性要求,形成内具活力的改革自我推进体系。②

第三阶段(2010年至今)为卡梅伦时代,卡梅伦政府提出"大社会、小政府"计划,其中特别强调对社会开放公共服务,政府机构通过下放公共服务的生产权,让更多社会组织参与公平、公正的公共服务竞标,发挥非营利组织在公共服务中的作用。2011年,卡梅伦政府颁布《开放公共服务白皮书》作为公共服务改革的蓝本,该白皮书指明政府对公共服务的改革方向,指出推进公共服务改革的五大原则:增加选择、去中心化、保证多样、保障公平和接受问责,强调将公共服务选择权归还于基层民众,着重保障弱势群体能够享受公平的公共服务,同时,增加选择就意味着必须保证有多样的提供者。因此,政府的核心职能就是保证竞争的自由性与公平性,以确保人们可以畅通地接收所需信息来进行选择,同时也进行监督。③ 卡梅伦政府的"还政于民"在公共体育服务领域也有所体现,如2012年的《公共服务(社会价值)法案》要求政府在公共体育服务购买中选择承接主体时应该发动各种社会力量,鼓励社会公众参与到公共体育服

---

① 姜熙. 从"强制性竞标"到"最佳价值":英国政府公共体育服务政策发展、改革与启示[J]. 天津体育学院学报, 2014, 29 (06): 478-483.

② 雷昆. 英国布莱尔政府公共服务改革模式分析[J]. 经济社会体制比较, 2006 (06): 18-22.

③ 王楠, 杨银付. 英国"开放公共服务"改革框架及启示:以卡梅伦政府《开放公共服务白皮书》为主要分析对象[J]. 中国行政管理, 2016 (03): 142-146.

务的供给中，政府应还政于民。坚持做到公共体育服务购买的价格公平，社会效果明显。

从英国公共体育服务合同外包发展的三个阶段来看，第一阶段主要是引入市场竞争机制，对公共体育服务进行结构性改革，而第二阶段和第三阶段的公共体育服务合同外包的发展目标主要是规范公共体育服务合同外包行为，特别是从政府角度出发，强调公共体育服务合同外包中政府的角色和责任，从注重绩效评估到强化政府问责，英国俨然已经建立起成熟的公共体育服务合同外包体系。

二、英国公共体育服务供给主体及其分工

英国公共体育服务供给主体包括体育行政部门、准政府机构、非政府组织等相关主体，英国公共体育服务供给采用了"综合型"主体供给机制，国家层面负责宏观调控，社会共同参与。英国公共体育服务的供给主体不仅有政府部门和非政府组织，英国政府还建立了一个"准政府机构"，通过"准政府机构"将政府部门和非政府组织紧密联系起来，使各主体在公共体育服务供给过程中如同齿轮一般，环环相扣并相互作用，促使整个供给系统平稳运转（图5-3）。

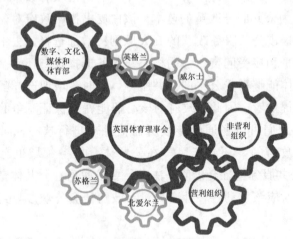

图5-3 英国公共体育服务供给主体

与美国不同，英国是由体育行政部门来负责管理公共体育服务供给工作的。1997年，英国"数字、文化、媒体和体育部"（Department for

Digital，Culture，Media & Sport，简称DCMS）正式成立，作为英国体育的核心行政部门，主要负责宏观把握公共体育服务供给，不直接参与公共体育服务的提供，为公共体育服务提供财政支持。为了方便管理公共体育服务工作，英国政府成立了英国体育理事会这一"准政府机构"。

英国体育理事会之所以被称为"准政府机构"是因为其特殊的属性，英国体育理事会由政府组建，主要负责完成DCMS制定的公共体育服务发展战略，虽具有政府职能，隶属于DCMS，但为非政府部门的公共体育管理机构，承担着推动公共体育服务发展的任务。在DCMS下达公共体育服务的发展战略后，英国体育理事会就通过与国家层面的政府和非政府体育组织、地方层面的政府和非政府体育组织合作，采取一系列实践措施来实现DCMS制定的公共体育服务发展目标。英国体育理事会主要负责的领域是竞技体育，但作为公共体育服务的供给主体，英国体育理事会还负责管理和分配英国政府的公共体育服务资金，把握公共体育服务资金的去向，确保公共体育服务资金的投入有效。英国体育理事会还积极向英国政府申请更多的体育经费，通过拨款和设立专项资金等方式激发地方政府发展体育的积极性，鼓励地方政府承担责任，以减少对体育的课税。[1]

英国体育理事会是国家层面的公共体育服务准政府机构，具体的体育服务项目是由区域体育理事会提供的。根据四个行政区域划分，英国成立了英格兰体育理事会、苏格兰体育理事会、威尔士体育理事会和北爱尔兰体育理事会四个区域体育理事会。区域体育理事会更偏向于负责公共体育服务的具体运作，财政资金更倾向于投向基层体育项目的推广和组织运营服务，各区域体育理事会的工作大致相同。首先，各区域体育理事会在提供公共体育服务时并非独立完成，与相关部门合作是区域体育理事会提供公共体育服务的主要模式，合作伙伴多元化，上到英国政府机构，下到社区体育俱乐部。其次，在与相关部门共同提供公共体育服务的过程中，DCMS和英国体育理事会负责拨款，区域体育理事会对公共体育服务供给体系进行投资，如何投资、选取合作伙伴和合作项目，是各区域体育理事会的主要职责。最后，各区域体育理事会投资的公共体育服务项目包括：建设体育场馆设施、资助和维护体育场馆、使体育场馆能够正常运营、开发

---

[1] 王英峰. 英国体育管理组织体系研究 [D]. 北京：北京体育大学，2010.

体育资源、培训体育教练员、提供体育志愿服务等。

非营利组织和营利组织是各区域体育理事会的重要合作伙伴，也是英国公共体育服务供给体系中主要的直接供给主体。其中，国家理事机构（又称单项协会）与各区域体育理事会合作，主要负责提供公共体育服务，是英国公共体育服务各项政策、计划的主要实施者。国家理事机构是各项运动的专家，负责培养不同项目的教练员、建设不同项目的体育用地、与社区体育部门共同提供体育服务。英国奥林匹克委员会主要负责的领域是竞技体育，但会辅助推动公共体育服务的发展。不列颠大学体育联合会主要针对大学体育，管理各级赛事，并为体育参与者、基层体育比赛提供场地和设施。[①] 英国青年体育基金会是社会慈善团体，主要为青少年提供体育锻炼的机会，让其体验不同的体育活动。体育与娱乐中央委员会则通过举办几乎所有的体育和娱乐活动向公民提供公共体育服务。营利组织是指英国私营体育商业机构，私人健身中心或俱乐部是主要载体，它们可以向公民直接提供有偿的公共体育服务，也可以与各区域体育理事会等相关体育组织合作共同提供基础公共体育服务。

三、英国公共体育服务合同外包的参与主体及政府责任

在对英国公共体育服务供给主体的分析中发现，英国政府参与的公共体育服务供给大约占 30%，在实践供给层面，主要由非政府组织具体操作。自《社区体育：下一个十年计划》《社区体育：1990 政策》等相关文件出台之后，英国政府公共体育服务合同外包的主要领域集中在社区体育场地和设施的建设、维修和管理，其参与主体如表 5-2 所示。

表 5-2　英国公共体育服务合同外包的参与主体

购买主体	承接主体	使用主体	监督与评价主体
数字、文化、媒体和体育部 英国体育理事会 区域体育理事会 地方政府	营利性体育组织 非营利性体育组织	每一位公民	政府部门 第三方监督机构 公民

① 王英峰. 英国体育管理组织体系研究［D］. 北京：北京体育大学，2010.

(一) 英国公共体育服务合同外包的购买主体及政府责任

英国公共体育服务合同外包的购买主体比较特殊，除了数字、文化、媒体和体育部这个政府部门之外，英国体育理事会和区域体育理事会这几个准政府机构也参与其中，这些购买主体在公共体育服务合同外包中分工明确、职责清晰。数字、文化、媒体和体育部负责提供资金保障，英国政府将用于发展体育事业的资金下拨到数字、文化、媒体和体育部，数字、文化、媒体和体育部并不对体育事业资金进行直接管理，而是会根据所制定的本阶段公共体育服务发展规划，将用于发展公共体育服务的国家资金下拨给英国体育理事会和各区域体育理事会，并与其签订相关的资金使用协议。另外，英国发展体育事业的还有一部分资金来自国家彩票基金，如何分配这部分发展资金由英国体育理事会负责。英国体育理事会负责推广数字、文化、媒体和体育部的相关政策，管理和分配英国政府的公共体育资金，是国家彩票资金的法定分配机构。① 对于公共体育服务合同外包的具体运作，如哪些公共体育服务项目需要进行合同外包，外包给谁，怎样外包则由区域体育理事会和地方政府承担决策责任。社区体育一直是英国政府公共体育服务合同外包的主要内容，下面以社区体育为例，阐述苏格兰体育理事会如何开展社区体育合同外包工作。英国政府在《公共医疗和社区关怀法》中规定，中央政府拨付的特殊款项的85%必须通过竞争招标的方式向私营或非政府组织购买服务。根据相关规定，苏格兰体育理事会首先会选取合同外包的项目，以需求为导向，确保每个群体受益，将使公民运动习惯改变作为选择投资项目的标准，结合苏格兰当地社区体育的发展情况，合理确定社区体育合同外包的项目；然后通过公开招投标的方式选择承接主体，确定承接主体后会根据外包内容签订合同，相关的购买合同在英国政府相关网站上可以直接下载模板，在承接主体提供社区体育服务时，主要采用合同的形式进行监管，合同中对公共体育服务的各类标准与要求均有明确规定；通过担保制度、统一购买者与消费者的体育服务价值观和服务理念、惩罚制度三种途径对公共体育服务提供者进行监督；针对公共体育服务资金，苏格兰体育理事会则按照合同规定对公共体育服务承接主体的资金使用过程进行监管，以保证专款专用，并根据既定目标规划，

---

① 王英峰. 英国体育管理组织体系研究 [D]. 北京：北京体育大学，2010.

合理地进行开支。① 最后,当承接主体完成服务供给后,苏格兰体育理事会与其结算公共体育服务合同外包的项目费用,并对其进行绩效考核。

（二）英国公共体育服务合同外包的承接主体

社会体育组织是英国公共体育服务合同外包的重要承接主体,可以进一步分为非营利性体育组织和营利性体育组织。非营利性体育组织可以分为全国性体育组织和基层体育组织（图5-4）。为了发展非营利性体育组织,英国政府不仅为非营利性体育组织提供参与公共体育服务的机会,而且还通过建立各种专项发展基金、减免税等措施来帮助非营利性体育组织缓解运营压力,保证其可以正常提供公共体育服务。2011年,英格兰体育俱乐部会员人数已达到英国总人口的23.3%,所以,英国政府在选择公共体育服务合同外包承接主体时,会将非营利性体育组织放在第一选择序列,这也有利于政府了解公民对公共体育服务的真实需求。针对不同的公共体育服务项目,英国政府选取不同的非营利性体育组织进行合同外包,国家级体育组织更多负责提供建造标志性、大规模的城市体育设施和承办大型群众体育赛事等相关服务,而基层体育组织则负责提供社区体育服务。② 另外,为了鼓励营利性体育组织也积极参与进来,英国政府采用"配套投入

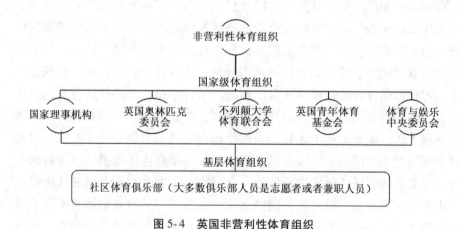

图5-4 英国非营利性体育组织

---

① 谢叶寿,阿英嘎. 英国政府购买公共体育服务的实践与启示［J］. 体育与科学,2016,37(02):66-70.

② 郭培宇. 英国社区体育设施服务政府购买模式研究［D］. 沈阳：沈阳体育学院,2018.

制",规定企业首次赞助时,政府按照 1∶1 的比例配套投入,第 2 次赞助政府增加比第 1 次多 50%。①

(三) 英国公共体育服务合同外包的监督与评价主体

关于英国公共体育服务合同外包的监督与评价主体,英国形成了以政府职能部门为主、社会力量为辅的监督评估体系,消费者的反馈建议是评估服务质量和有效性的主要指标,权重系数较大。

2012 年年初,英格兰体育理事会发布了"青少年和社区战略(2012—2017 年)",旨在推动青少年参与体育运动,持续增加每周参加一次体育运动的人口比例,帮助更多的人养成终身运动的习惯。而对国家理事机构的资助计划是该战略的核心部分。满足条件的国家理事机构可以申请 2013—2017 年的政府资助,为了遴选出竞争力强并且有良好业绩记录的计划,英格兰体育理事会建立了一套专业的投资项目评估体系。

该投资项目评估体系包括以下几条核心原则:① 英格兰体育理事会必须通过最具竞争力的方式,向提出最具竞争力计划及有良好业绩表现的国家理事机构提供资助;② 整个资助计划必须达到增加 14—25 岁年轻人的参与率、增加 25 岁以上成年人的参与率、增加有才能的人(包括那些有特殊才能的残疾人)的参与率等效果;③ 在对参与计划的所有国家理事机构的总投资中,有 60% 的资金将惠及 14—25 岁的年轻人,40% 的资金将惠及其余成年人;④ 必须提供一个强有力的过渡方案,支持年轻人从在学校从事体育运动过渡到在社区从事体育运动,在学校体育与俱乐部和社区体育之间建立联系;⑤ 国家理事机构需要说明自己是如何连接、工作并在地方层面对参与产生影响的,在这一轮的资助计划中,希望国家理事机构在提出资助申请时,能够制订完善的本地交付计划;⑥ 物有所值将是一个关键的考虑因素;⑦ 会给表现优异的国家理事机构给予奖励和发放奖金,以鼓励它们做得更好;⑧ 为了获得资助,国家理事机构必须达到英格兰体育理事会和 DCMS 在治理和财务控制上提出的高标准。

在这些核心原则的指导下,英格兰体育理事会制定了一个评估框架,所有国家理事机构提交的计划均要按照这个框架进行评估。该评估框架分

---

① 王占坤. 发达国家公共体育服务体系建设经验及对我国的启示 [J]. 体育科学,2017,37 (05):32-47.

为四个关键标准：

（1）业绩记录（20%），又被进一步细分为过往业绩（10%）和绩效管理（10%）。过往业绩主要是根据2009—2013年的业绩跟踪记录，评估参与机构交付的每项合同成果（增长、持续和卓越）；绩效管理评估参与机构是否有意愿和能力修改其方法以改进交付。

（2）计划优势（40%），又被进一步细分为愿景和长期计划（7.5%）、计划质量（12.5%）、洞察力运用（7.5%）、交付能力（7.5%）及监测和发展（5%）。参与机构需要有明确的目标、方向和在体育市场中的角色定位，在此基础上，确定适当的、有创新性的计划，要有敏锐的洞察力，特别是要找出14—25岁的年轻人何时和为什么不再参加体育运动的原因，以便制订的计划能扭转这一趋势。此外，参与机构要具备适当的规模和能力，包括内外部结构和资源、地方关系和渠道等，以确保在规定时间内有效和高效地完成交付。同时，还要建立反馈和监测机制，以保证不断改进交付。

（3）影响范围（20%）。参与机构要在计划中说明主要针对的是哪个领域及要在这个领域做出多大的贡献，并从对市场的理解中说明取得这样的结果是可行的。

（4）物有所值（20%），又被进一步细分为预算（5%）、价格评估（10%）和资金需求（5%）。参与机构需要提供详细的预算，说明整个计划和各领域的资金需求，并详细解释如何从投资中获得最大的效益。①

以上是英格兰体育理事会在对体育项目进行投资时的评估标准，是从一个体育服务购买者的角度制定的在购买前期选择承接主体的相关评估标准，并且公布了每个评估指标的权重系数，计划优势的权重系数最高为40%。可见，英格兰体育理事会更看重承接主体为项目制订的实施计划，这说明项目实施计划是其选择承接主体的主要因素。英格兰体育理事会的投资项目评估体系为每个来参与的国家理事机构提供了一个相对公平的机会。

同时，英国政府鼓励公民和社会机构参与公共体育服务合同外包的监管。政府部门和承接组织都是参与交易的主体，为了实现监督者和参与者

---

① Sport England. National governing body 2013/17 whole sport plan investment guidance [R/OL]. (2013-08-17)[2020-05-27]. https://assets.publishing.service.gov.uk/government/uploads/system/uploads/attachment_data/file/79233/NGB_2013_17_Whole_Sport_Plan_Investment_Guidance.pdf.

相互分离，英国政府认为第三方监督与评估十分必要。公民监督是英国公共体育服务合同外包的另一种监督方式，透明的公共体育服务监督机制是为了保证合同外包过程的公平、公正，英国政府会定期在网上公布合同外包的细则，将具体的预算及财务报告都公布给大众，公民可以随时通过网站进行浏览和下载，其中包括员工的劳务费、接待费及其他费用。[1] 英国政府对积极参与公共体育服务评价的公民建立了奖励机制，社区居民通过社区体育中心放置的收集社区居民意见的信箱来评价公共体育服务合同外包项目，如果居民提出的建议合理，英国政府则会采纳，并给予居民一定的奖励。这种方式不仅能充分调动公民参与公共体育服务合同外包监督与评价的积极性，而且有助于政府了解公民对公共体育服务的真实需求。刘宏亮等（2019）通过分析英国政府在 2015 年提出的"体育的未来：充满活力的国家新战略"的具体内容，指出英国政府制定的体育战略和政策发挥了引领、促进与保障英国体育事业发展的作用。[2] 一些学者关注发达国家颁布的有关规范公共体育服务外包行为的法律法规，如鲁滨孙（Robinson，2003）指出自 1988 年英国政府颁布的《地方政府法》将强制性竞标引入公共体育服务领域后，英国政府颁布了诸如《政府与志愿及社区组织关系协议》《第三部门在社会和经济复兴中的重要作用》《体育 2020 发展规划》等一系列保障公共服务外包合法化运行的法律法规，明确了政府与第三部门的合作伙伴关系，制定政府采购的标准和参数，确保全社会参与公共体育服务监督，进一步规划了由第三部门生产公共体育服务的长期战略。[3] 还有一些学者则更为关注英国公共体育服务外包绩效评价模式的发展及转变历程，谢正阳等（2018）系统性地梳理了英国公共体育服务外包绩效评价模式的演变历程，总结了"绩效回顾""最佳价值""全面绩效评价""全面地区评价"各模式的特点（表 5-3），指出撒切尔政府对公共体育服务的社会化改革收效甚微的原因在于对公共体育服务的绩效评价以追求利益最大化为主而忽视了综合的社会效益。新工党在公共体育服务绩效评价中引入了最佳价值和全面绩效评价模式更加贴合公共体育服务的本质。建立效率

---

[1] 曹晶. 英国公共体育服务体系的运行机制研究［D］. 成都：成都体育学院，2015.

[2] 刘宏亮，刘红建，沈晓莲，等. 英国"体育的未来"新战略：内容、评价及镜鉴［J］. 沈阳体育学院学报，2019，38（06）：33-41.

[3] ROBINSON L. Managing public sport and leisure services［M］. London：Routledge，2003.

导向、强调体育资源配置均等化、重视公民满意度的公共体育服务绩效评价体系对提升公共体育服务质量和满足公民需求有重要的制度保障作用。①

表 5-3 英国公共体育服务外包绩效评价模式的发展历程

评价模式	执政党	评价指标	涉及公共体育服务的评价内容
"绩效回顾"评价模式	撒切尔政府（保守党）	效果（Effect） 效率（Efficient） 影响（Effluence）	服务效果：公民需求、提供服务的方法和组织、服务的供给 服务效率：承包组织的一般问题、人员成本、设施成本、车辆和设备、采购、间接支持成本
"最佳价值"评价模式	布莱尔政府（工党）	效果（Effect） 效率（Efficient） 影响（Effluence） 均等化（Equity） 公民满意度	核心指标： 6—16岁年轻人和学校体育 一般体育参与 设施提供、运营和管理 体育俱乐部 体育后备人才 领导和志愿者 其他合作者和机构
"全面绩效评价（CPA）"模式和"全面地区评价（CAA）"模式	戈登政府（工党）至今	效果（Effect） 效率（Efficient） 影响（Effluence） 均等化（Equity） 公民满意度 地方政府公共体育服务水平	获得指标：体育设施的选择和机会 参与指标：5—16岁学生中每周至少参加2小时高质量的体育运动及课内外体育活动的学生所占的比例；成人中每周至少3次参加半小时以上中等强度体育运动的人口比例；每周至少在体育所志愿服务1小时的人口比例 质量指标：居民对体育/休闲设施的满意度

---

① 谢正阳，汤际澜，陈新，等. 英国公共体育服务标准化评价模式发展历程、特征及启示[J]. 体育与科学，2018，39（06）：62-74.

第三节 日本公共体育服务合同外包的经验借鉴

一、日本公共体育服务合同外包的发展历程

日本是亚洲最具代表性的发达国家和体育强国，从社会关系和文化背景等方面来看，日本与我国的相似性远大于英国、美国、德国这些西方发达国家。但是，日本的政治体制与我国不同，其地方政府接受中央政府领导，但不受中央政府管制，因此，日本公共体育服务具有高度的地方自治性。唐绪明（2017）解读了"二战"后日本颁布的一系列社会体育政策，指出日本的社会体育政策具有极强的连续性，从1961年颁布的《体育振兴法》到2011年颁布的《体育基本法》都对公民参与体育的权利、公共体育设施建设、社会体育组织发展和弱势人群参与体育活动等方面做了明确规定，从政策文件中可以看出日本体育政策一直延续"以民为本"的公共体育服务理念。① 陈伟（2013）从政治背景和运行机制等方面系统地阐述了日本独立行政法人制度，指出虽然独立行政法人组织并没有完全脱离行政，但是桥本龙太郎推进的"独立行政法人"改革为之后日本公共服务市场化和社会化奠定了基础。② 王天义等（2018）对日本"私人融资计划"（Private Finance Initiative，简称 PFI）模式兴起的背景、发展现状、挑战和发展前景等做了详细的介绍，他们以北九州市立思永中学校舍整改项目和社区体育综合体修建项目等为例得出日本公共体育服务外包方式大多为 BOT（Build-Operation-Transfer）和 BTO（Build-Transfer-Operation）模式，同时强调日本1999年颁布的《PFI 推进法》打开了日本政府与社会资本合作的闸口。③ 艾志祥（2012）从出台背景、基本内容和具体实施三个方面解读了2006年日本政府颁布的《公共服务改革法》，《公共服务改革法》确立了"官民竞标"的法律地位，标志着合同外包在法律层面正式成为日本公共服务的实

---

① 唐绪明. 日本社会体育政策解读及对我国全民健身的启示［J］. 南京体育学院学报（社会科学版），2017，31（01）：92-97.
② 陈伟. 日本独立行政法人制度研究［D］. 重庆：西南政法大学，2013.
③ 王天义，杨斌. 日本政府和社会资本合作（PPP）研究［M］. 北京：清华大学出版社，2018.

施方式。① 罗平（2010）从委托对象、选拔方法、业务范围和委托年限四个方面对比分析了"指定管理者制度"和"委托管理制度"，指出指定管理者制度是在委托管理制度基础上日本公共体育服务运营进一步"民营化"的表现。② 高军等（2016）从指定管理者制度的内容和主要特征两个方面分析了日本地方政府职能的转变，认为指定管理者制度的实施标志着日本地方政府从公共体育服务的直接生产者与提供者变成了规划者、主导者、业务委托者和引导者。③

由此可见，日本公共体育服务外包始于21世纪初的日本行政改革，回顾日本公共体育服务改革发展，主要可以分为以下两个时期：

（1）政府规制时期："二战"结束后，日本建立了以官僚体系为中心的规制化社会体制。20世纪60年代到70年代，在美国扶持和贸易自由化的双重作用下，日本完成了从经济低迷到经济高速增长再到经济稳定增长的近代化改造。1964年，东京奥运会成功举办使日本政府开始重视大众体育，相继颁布了《关于普及振兴体育的基本策略》《关于面向21世纪的体育振兴策略》等一系列政策，兴修公共体育设施，加大社会体育投入，但日本政府垄断供给公共体育服务的性质并没有改变，公共体育设施的修建、运营、维护和社会体育指导员的培训及地方体育赛事的运营等都由政府全部包揽，当时的日本是名副其实的"规制大国"。

（2）多元治理时期：1996年，桥本龙太郎内阁推行以"独立行政法人制度"为主的六大改革，为日本公共服务改革奠定了基础。1998年，日本政府颁布了《特定非营利活动促进法》推动非营利组织快速成长并注册成为NPO法人以满足公民日益多元化的需求。1999年，日本政府借鉴英国PFI制度，颁布了《PFI推进法》鼓励包括私人组织、社会组织在内的民间资本投资公共服务，公共体育服务则主要实行BOT模式，打开了日本公共服务市场化的闸口。2001年，小泉内阁开始推行"社会保障制度、放松政府管制、国营事业民营化"三大改革，并于2002年颁布了

---

① 艾志祥. 日本《公共服务改革法》研究[D]. 长沙：中南大学，2012.
② 罗平. 日本公共体育设施运营的指定管理者制度及启示[J]. 上海体育学院学报，2010，34（06）：22-26.
③ 高军，南尚杰，李安娜. 日本公共体育设施指定管理者制度分析及启示：基于政府职能转变的视角[J]. 上海体育学院学报，2016，40（06）：30-36.

《独立行政法人日本体育振兴中心法》，推动体育教育和学校体育健康中心民营化。2006年，日本政府颁布《公共服务改革法》，明确指出合同外包是日本公共服务的主要实施方式，日本公共体育服务供给正式形成由民间事业组织直接供给、地方政府监管、国家机关提供资金支持的多元化治理模式。

在东亚，日本最先开始尝试探索政府与市场的关系，规制改革就是日本政府采取的改革方式。"二战"后，日本政府为了快速恢复经济和构建和谐稳定的社会环境，一直实行以政府为主导的发展模式，在长期的官僚体制影响下，日本经济发展受阻，再加上日本人口老龄化严重，社会福利的日益增长和社会需求的多元化，让日本政府意识到打破封闭的经济结构和革新陈旧的行政管理体制刻不容缓，规制改革由此拉开序幕。日本公共体育服务合同外包是规制改革的产物，在规制改革的背景下，本书将公共体育服务合同外包划分为三个时期（图5-5），通过这三个时期阐述日本公共体育服务合同外包的发展历程。

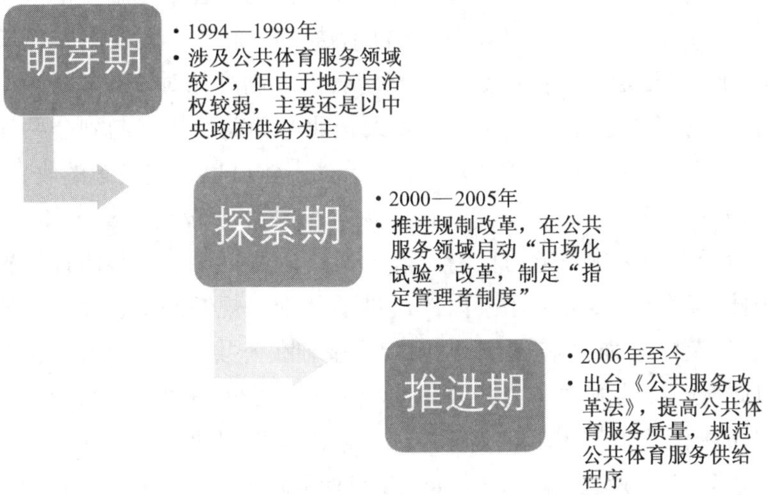

萌芽期
- 1994—1999年
- 涉及公共体育服务领域较少，但由于地方自治权较弱，主要还是以中央政府供给为主

探索期
- 2000—2005年
- 推进规制改革，在公共服务领域启动"市场化试验"改革，制定"指定管理者制度"

推进期
- 2006年至今
- 出台《公共服务改革法》，提高公共体育服务质量，规范公共体育服务供给程序

图5-5　日本公共体育服务合同外包发展三阶段

萌芽期（1994—1999年）：1994年，日本政府编制了第一部"规制改革"的行动方案，涉及金融、住宅、证券等11个领域，通过规制的手段，向受规制的产业引入竞争机制，促进市场改革，日本政府减少和放宽对民

间经济、社会活动的干预，建立真正的市场经济。但是公共服务领域的官僚组织出于对既得利益的保护，反对市场化和民营化。公共服务主要还是依赖公共部门，购买公共服务的方式只有民间委托一种。[①] 20 世纪 90 年代，日本中央政府是公共体育服务的主要供给主体，但仅在公共体育设施方面进行投资，并加以干涉。虽然公共体育服务供给的方式开始发生改变，但是发展脚步缓慢。

探索期（2000—2005 年）：进入 21 世纪后，因日本重新调整了中央政府与地方政府的关系，地方政府有了更大的自治权，开始了真正意义上的公共体育服务合同外包，日本各级政府不断探索各种社会力量参与公共体育服务供给的渠道。日本公共体育服务供给改革首先从公共体育设施的供给方式改革开始，早在 1999 年，日本就通过借鉴英国 PFI 制度，制定了《PFI 推进法》，以效率性、公平性、透明性、客观性及合同主义为基本原则，允许政府部门充分利用社会力量在资金、管理及技术等方面的优势，将公共设施建设外包给"特定目的公司"，但是，由于《PFI 推进法》中有关"公共设施等"的规定与原地方自治法中有关"公共设施"的规定存在冲突，日本政府于 2003 年修订地方自治法，废除"公共设施委托管理制度"并创设"指定管理者制度"。[②] 指定管理者制度相对于委托管理制度而言，可以让更多的社会体育组织、私人企业等相关组织参与到公共体育设施的供给中，并在地方政府的认可下，承接主体可以设定设施的收费标准，有一定的设施使用收费权。这不仅扩大了公共体育设施供给主体的范围，还通过给予承接主体一定的权利，培养了社会组织参与公共体育设施供给的积极性。2004 年 3 月，小泉内阁通过了《推进规制改革、民间开放 3 年计划》，以英国"强制竞争招标制度"为基础在公共服务领域开展试验性改革，以政府购买的方式在公共服务领域引入市场竞争机制。从 2005 年起，日本"市场化试验"改革正式开始，小泉内阁把职业培训、国民年金保险的征收业务等 8 项公共服务作为示范型事业的对象，通过竞标委托给民间经

---

① 冯维胜. 政府购买公共体育服务的第三方评估研究：以承接方的选择评估为例［D］. 上海：上海体育学院，2018.
② 俞祖成. 日本政府购买服务制度及启示［J］. 国家行政学院学报，2016（01）：73-77.

营,[①] 提出提高公共服务质量、降低公共服务成本等要求。无论是在中央政府层面还是在地方政府层面,"市场化试验"制度都严格规定了政府购买的程序,这对规范公共体育服务合同外包的相关程序也起到参考作用。从《PFI推进法》到指定管理者制度,再到市场化试验,日本政府不断探索与社会、市场更相适应的公共体育服务供给方式,公共体育服务合同外包的发展有了更广的空间。

推进期(2006年至今):日本在小泉内阁执政期间,坚持推进社会规制改革,将"大政府"变为"小而有效的政府",在公共服务方面将决策和实施相分离。这种改革固然有好的方面,但是当决策和实施分离后,由谁来承担公共服务的供给责任就很难说清。因此,为了保障在公共服务中能够规范引入市场竞争机制,2006年,日本政府颁布了《公共服务改革法》,《公共服务改革法》将合同外包作为公共服务供给的主要实施方式,公共体育服务合同外包的实施也变得有法可依。除《公共服务改革法》之外,日本政府还通过重新修订《体育基本法》强调政府与社会组织的平等关系,赋予社会组织高度的"自治权",厘清在公共体育服务中政府与社会组织的边界和责任,并通过给予参与公共体育服务合同外包的社会组织税收优惠等方式,激励更多的社会组织参与公共体育服务合同外包。在公共体育服务合同外包的推进期中,日本政府特别注重健全公共体育服务合同外包的法律制度。怎样才能更好地推动公共体育服务合同外包的发展是日本政府至今都在不断思考和探索的问题。

二、日本公共体育服务供给主体及其分工

日本的公共体育服务供给主要是官办民助,依托社区,依靠学校、企业组织、民间体育组织等多元主体,注重社区与学校的结合,政府主要采取财政资助的方式,形成"政府主导、社会体育组织配合"的供给模式。[②] 所以,日本公共体育服务的供给主体就自动划分为两大类:政府机构和非政府机构(图5-6)。

[①] 韩丽荣,盛金,高瑜彬. 日本政府购买公共服务制度评析[J]. 现代日本经济,2013(02):15-21.

[②] 李长春. 我国公共体育服务多元主体协同供给研究[D]. 北京:北京体育大学,2018.

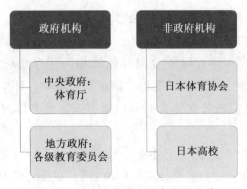

图 5-6　日本公共体育服务供给主体

日本公共体育服务由中央政府和地方政府共同提供，中央政府的文部科学省体育厅是最高的体育行政管理部门，由政策课、健康体育课、竞技体育课、国际课、奥运会和残奥会课五个部门组成，它主要负责制定相关政策、提供购买经费及分配相关任务给下级政府，并安排保健体育审议会对下级政府的工作进行监督。地方政府供给主体是指都道府县、市町村的教育委员会，是地方政府管理体育事务的行政机构，主要负责提供公共体育服务，具体执行上级政府制定的与公共体育服务有关的政策法规，监督公共体育服务资金的使用，并特别重视投资地方社区、学校的公共体育场地设施，保障地方居民的公共体育服务需求及宏观指导和管理同级别非政府体育协会等。在日本公共体育服务的供给中，中央政府和地方政府是管理和调控公共体育服务供给的主体，对公共体育服务财政经费进行层层拨款，指导和监督公共体育服务供给主体——各级社会体育组织。

在日本，社会体育组织的数量庞大，社会体育组会积极参与公共体育服务供给，其中核心的供给主体是日本体育协会，其加盟成员不仅包括地方体育协会，还包括部分全国性项目协会。[①] 日本体育协会负责培养体育指导员，推动综合型社区体育俱乐部和体育少年团的建设。此外，日本高校也是供给主体之一，让高校与社会共享大学体育设施资源是日本政府提供公共体育设施的一种方式。因此，高校体育设施在日本公共体育设施中占很大比例，并且初中生体联、高中生体联和各单项的学生体联，还为青少

---

① 南尚杰，张斌，郑楠，等. 日本体育治理体系及启示［J］. 体育学刊，2019，26（04）：73-80.

年提供了丰富多样的公共体育服务。①

三、日本公共体育服务合同外包的参与主体及政府责任

在公共体育服务供给的问题上,日本政府和社会体育组织双方分工明确,职责边界清晰。日本公共体育服务合同外包的参与主体如表5-4所示。

表5-4 日本公共体育服务合同外包的参与主体

购买主体	承接主体	使用主体	监督与评价主体
体育厅 都道府县教育委员会 市町村教育委员会	社会体育组织 日本高校 政府部门	每一位公民	官民竞标监理委员会

(一)日本公共体育服务合同外包的购买主体及政府责任

日本公共体育服务合同外包的购买主体是各级政府部门,按照三级管理模式,体育厅是中央政府机构,在宏观层面上掌握公共体育服务合同外包的决策权、审批权、财政权和监督权,通过合理利用自身拥有的权力及合法有效的手段,使公共体育服务合同外包的发展遵循国家意志的发展方向。鼓励下级政府发展公共体育服务合同外包、出台相关法律制度、下拨预算资金、提供公共体育设施及成立相关部门对此工作进行定期检查和监督是体育厅的主要职责;同时,体育厅也会直接向日本体育协会等组织购买公共体育服务,如培训社会体育指导员等服务。都道府县教育委员会和市町村教育委员会属于地方政府机构,地方政府主要负责各区域内公共体育服务合同外包的具体实践操作。根据上级政府出台的相关政策,结合各地区居民的需求与建议,选择合适的购买内容、方式和承接主体进行合同外包,并做到有效监督和评估,以及对相关社会体育组织进行培养是地方政府的主要职责。②

日本公共体育服务合同外包的流程清晰,如图5-7所示。政府在购买公共体育服务之前需要充分论证究竟采取哪种服务供给方式,一旦采取服务购买方式,就要给予充足的论证。确定购买的项目必须经过公民需求调查,

---

① 邱燕.公共体育服务供给论域下政府事权与财权分级配置研究[D].厦门:集美大学,2015.
② 冯维胜.政府购买公共体育服务的第三方评估研究:以承接方的选择评估为例[D].上海:上海体育学院,2018.

由专家、公民、政府人员共同商讨确定购买服务的数量、方式及标准等。进入政府购买程序要召开购买服务说明会，凡是具备公开招标资格的一律以竞标的方式进行，选定的承接机构需要公开信息，接受社会监督。官民竞标监理委员会作为"第三方机构"，实施自始至终的全过程监督，回复社会公众的质疑，处理供应商之间的争议。如果对官民竞标监理委员会的回复和处理不满意，可以继续申诉，保证了购买过程的公开透明。①

图5-7 日本公共体育服务合同外包流程

目前，根据《关于推进地方行政服务改革的注意事项》，日本政府购买公共体育服务的方式大致可以分为四种，民间委托制度、PFI制度、指定管理者制度和市场检验制度（表5-5）。

表5-5 日本政府购买公共体育服务的方式②

制度名称	适用法律	购买主体	承接主体	购买内容	契约方式	监督主体
民间委托制度	地方自治法及其他	各级政府部门等	社会力量	定型化公共服务	民事合同（部分外包）	以主管部门为主
PFI制度	PFI法	各级政府部门等	特定目的公司	公共设施一揽子业务	民事合同（部分外包）	以主管部门为主
指定管理者制度	地方自治法及其他	各级政府部门等	政府部门和社会力量	公共设施管理业务	指定（整体外包）	以主管部门为主
市场检验制度	市场检验法及其他	各级政府部门等	政府部门和社会力量	广义公共服务	民事合同（部分外包）	以第三方机构为主

---

① 冯维胜. 政府购买公共体育服务的第三方评估研究：以承接方的选择评估为例［D］. 上海：上海体育学院，2018.

② 俞祖成. 日本政府购买服务制度及启示［J］. 国家行政学院学报，2016（01）：73-77.

(二) 日本公共体育服务合同外包的承接主体

日本政府特别重视对社会体育组织的培养，早期就设立了由国家财政负担和民间资本捐赠构成的体育振兴基金，其目的在于培育更多数量的社会体育指导员和社会体育组织。① 因此，日本社会体育组织发育健全，并有高度的自治权，是日本公共体育服务合同外包的主要承接主体。而在众多的社会体育组织中，日本体育协会和综合型社区体育俱乐部是日本政府的首选承接主体，日本体育协会的成员由地方体育协会和部分全国性项目协会构成，再加上日本体育协会拥有成熟的自我管理体制，所以，文部科学省选择日本体育协会承接培训社会体育指导员、举办体育节、组织青少年体育团及进行各种体育研究等具体工作。② 日本公共体育服务的发展以社区为基本单位，综合型社区体育俱乐部主要负责承接社区体育项目。③ 日本在政府购买公共体育服务方面还有一个独一无二的地方，就是高校的参与。在政府购买公共服务的实践中，把高校作为承接主体，可以充分利用高校丰富的人力资源和体育设施，对于降低购买价格、提高服务效果是非常有帮助的。④ 在指定管理者制度和市场检验制度的购买方式中，政府部门和社会力量共同竞争公共体育服务合同外包项目，也就是所谓的"官民竞争"。在公开透明的条件下，让政府部门和社会力量共同竞争，通过对双方能力、条件、降低成本的程度等进行考量，选择能够提供最优质公共体育服务的一方作为公共体育服务合同外包的承接主体。

(三) 日本公共体育服务合同外包的监督与评价主体

日本政府在公共体育服务合同外包中非常注重监管和评估，其监管主要是通过政府部门完成，社会力量参与不多，这是因为日本政府认为公共体育服务不仅有特殊的技术要求，还事关公民人身安全，所以应以政府监

---

① 沈娟. 日本社会体育发展的特征、问题及对中国的启示 [J]. 南京体育学院学报（社会科学版），2016，30（06）：34-39.
② 范成文，金育强，钟丽萍，等. 发达国家老年人体育服务社会支持体系及对我国的启示 [J]. 体育科学，2019，39（04）：39-50.
③ 王暐琦. 日本政府购买公共体育服务经验及启示 [J]. 喀什大学学报，2017，38（03）：68-72，93.
④ 王暐琦. 日本政府购买公共体育服务经验及启示 [J]. 喀什大学学报，2017，38（03）：68-72，93.

管为主，社区、社会体育组织给予相应的配合。① 日本的官民竞标监理委员会作为独立的第三方机构（成员均来自民间），对整个公共体育服务合同外包过程进行监管，不仅监管购买主体，跟踪政府发布有关购买的信息，还监管承接主体，负责审查供应商的资格、确定参加的竞标者、确定中标的供应商，对公共体育服务合同外包进行评估，并定期向社会公布评估结果。政府在选择承接主体时，主要通过购买主体的实地调查、委托中介机构评估及公众建议的方式对其进行评估。其中，体育振兴资助是政府购买的常用形式，其实施主体是日本体育振兴中心。② 王天义等（2018）指出《物有所值VFM指南》是日本PPP事业的重要指导方针，该指南规定政府需要在外包流程中进行两次评估。第一次在项目遴选期，政府委托第三方专业评估机构，评估项目是否可以采用PPP模式；第二次由政府组建的包括学者、专家、企业家和政府人员在内的特别评估委员会，在签订协议之后对投资规模、风险分担、特许经营期限等进行评估。VFM评价模式可以有效减少外包风险，充分展现日本"政府协动路径"的优势。③ 景俊杰等（2013）以体育方针变化为主线将"二战"后日本体育政策发展分为四个阶段，即"二战"后到20世纪60年代初期的奥林匹克体制发展与确立时期、20世纪60年代初期到70年代中后期的国民体育运动展开时期、20世纪70年代中后期到80年代后期的商业体育大发展时期、20世纪80年代到90年代末的综合型体育政策时期，并指出日本体育指导方针经历了从侧重"提高"，到"普及与提高并重"，再到侧重"普及"，最后在1989年后确立了"普及与提高并重"综合方针的演变过程。④ 景俊杰（2014）认为21世纪初日本政府颁布的《PFI推进法》《NPO法》及2006年小泉内阁颁布的《公共服务改革法》从法律层面推进规制改革，明确了政府与社会组织的合作伙伴关系，并对公共体育服务外包流程实施强有力的法律监管，保障了

---

① 王暐琦. 日本政府购买公共体育服务经验及启示［J］. 喀什大学学报，2017，38（03）：68-72，93.

② 冯维胜. 政府购买公共体育服务的第三方评估研究：以承接方的选择评估为例［D］. 上海：上海体育学院，2018.

③ 王天义，杨斌. 日本政府和社会资本合作（PPP）研究［M］. 北京：清华大学出版社，2018.

④ 景俊杰，肖焕禹. 二战后日本体育政策的历史变迁及借鉴建议［J］. 体育与科学，2013，34（02）：107-110.

公共体育服务的质量与均等化。①

第四节　国外公共体育服务合同外包中政府责任的经验启示

为了能更好地对比和分析国内与国外公共体育服务合同外包的异同，本书汇总了四个国家公共体育服务合同外包的参与主体（表5-6）。

表5-6　中、美、英、日四国公共体育服务合同外包的参与主体

国家	购买主体	承接主体	使用主体	监督与评价主体
中国	各级地方政府（体育局、财政局、审计局等部门）	营利性体育组织，非营利性体育组织	每一位公民	政府部门，第三方独立机构，公民
美国	联邦政府，州政府，地方政府	营利性体育组织，非营利性体育组织，地方政府	每一位公民	联邦、州、地方政府，公民，舆论媒体
英国	数字、文化、媒体和体育部，英国体育理事会，区域体育理事会，地方政府	营利性体育组织，非营利性体育组织	每一位公民	政府部门，第三方监督机构，公民
日本	体育厅，都道府县教育委员会，市町村教育委员会	社会体育组织，日本高校，政府部门	每一位公民	第三方独立机构（官民竞标监理委员会）

（1）通过对美国、英国、日本三国公共体育服务合同外包的发展历程、公共体育服务的供给主体及其分工、公共体育服务合同外包的参与主体等方面的总结不难发现，政府在公共体育服务合同外包过程中，主要起到宏观把控作用，政府负责制定相关政策，健全相关体育法律制度，提供部分购买资金，对相关参与主体进行监督，以保障公共体育服务合同外包顺利进行。其中，各级政府层面出台相关法律制度尤为重要，不仅能很好地规

---

① 景俊杰．新世纪的日本体育政策运行［M］．上海：中西书局，2014．

范公共体育服务合同外包中承接主体的行为，而且对政府部门也能起到责任监督的作用。这一点对于相关法律制度缺失的我国来说非常有借鉴意义。

（2）从承接主体来看，政府部门也可以成为公共体育服务合同外包的承接主体，这一点是值得我国思考和借鉴的，尤其是在我国合同外包市场竞争不足的情况下，政府部门加入承接主体，一方面可以提高承接主体之间的竞争程度，保证合同外包的质量；另一方面也是激励政府部门提升自身能力的渠道，通过这种方式从政府内部培养专门性人才。

（3）发达国家公共体育服务合同外包十分注重公共体育场地设施建设和社区体育发展。其中，公共体育场地设施建设是相对最适合公共体育服务合同外包的项目，而合同外包可以提高公共体育场地设施的利用效率，刺激公民的体育消费需求。以社区为单位是开展公共体育活动最方便、最灵活的形式，而且能够保证公共体育服务均等化提供，所以美国、英国、日本三国特别注重拓展和丰富社区体育的提供方式，而我国在社区体育服务提供这方面还有待提高。当然，通过吸收以上国外公共体育服务合同外包中政府责任的相关经验，有助于为构建公共体育服务合同外包中政府责任的实现机制提供思路，选择符合我国现实情况的路径。

本章小结

美国、英国、日本三国政府在公共体育服务合同外包过程中，主要起到宏观把控作用，政府负责制定相关政策，健全相关体育法律制度，提供部分购买资金，对相关参与主体进行监督，以保障公共体育服务合同外包顺利进行。我国相关政府部门加入承接主体，一方面可以提高承接主体之间的竞争程度，保证合同外包的质量；另一方面也是激励政府部门提升自身能力的渠道，通过这种方式从政府内部培养专门性人才。此外，美国、英国、日本三国特别注重拓展和丰富社区体育的提供方式，我国应借鉴和吸收国外公共体育服务合同外包中政府责任机制建设经验，构建符合我国实际的公共体育服务合同外包中政府责任的实现机制。

第六章 公共体育服务合同外包中政府责任的实现机制研究

政府能否履行好在公共体育服务合同外包中的职责是公共体育服务合同外包发展的关键。在公共体育服务合同外包中,公共体育服务责任履行是政府责任实现的前提,而公共体育服务责任监控是实现政府责任的保证,履行责任和监控责任是构建公共体育服务合同外包中政府责任实现机制的必要条件。身为公共体育服务合同外包的主要参与者,政府要按照合同履行责任,这就要求政府不仅要建立自身对责任的保障机制,还要通过适当的干预或引导建立其他参与主体(公民和社会力量)对责任的保障机制。

根据公共体育服务合同外包中政府的责任受体(公民和社会力量),本书采用合同治理和关系治理两种方式,构建公共体育服务合同外包中政府履行责任的实现机制。另外,对于公共体育服务合同外包中政府责任的监控来说,选择哪些方式监督和监督的后续是实现公共体育服务合同外包中政府责任的关键。从整个责任监控流程出发,将公共体育服务合同外包中政府责任监控过程划分为责任监督、责任考核和责任追究三个阶段,通过构建这三个阶段的监控机制来构建公共体育服务合同外包中政府责任监控的实现机制。

第一节 公共体育服务合同外包中政府履行责任的实现机制

公共体育服务合同外包有多元主体参与,外包程序相对复杂,本质上是一个委托代理的过程。委托代理理论对合同治理的解释是:可以根据事后的相关信息设计一个复杂的合同以最大限度地激励交易双方,即能够事前在合同中规定各种或然状态下当事人的权利和责任。① 委托代理的核心问题是信息不对称，公民与政府之间的信息不对称有可能会造成政府决策错误，政府与社会力量之间的信息不对称有可能会造成服务质量下降。解决信息不对称最常用的办法就是建立激励机制。公共体育服务合同外包还是一个需要政府与公民、社会力量、相关部门长期合作的项目，政府与三者之间的关系也会影响政府责任的实现，关系治理的核心是信任机制和声誉机制，利用合作主体之间的信任和声誉来规制各主体自觉履行合同责任，所以信任机制和声誉机制是政府履行合同责任的执行保障。

一、激励机制

政府和社会力量作为公共体育服务合同外包的代理人，必须通过持续的共同努力才能实现公共体育服务合同外包的目标。在公共体育服务合同外包中，激励机制的主要作用是保证在公共体育服务合同外包过程中代理人努力工作，"激励"这个概念用于管理，只有对政府和社会力量进行必要的回报，才能有效推动二者之间进行合作，激发其正确的工作动机，使其不偷懒、不走捷径，努力去完成公共体育服务合同外包的任务，实现任务目标。政府作为代理人时是激励客体，构建属于政府的激励机制，是为了正确引导政府的利益动机，保证政府在公共体育服务合同外包中更好地履行自身职责，可以通过薪资激励、职位晋升，或者在政府每年的绩效考核中增加与公共体育服务合同外包相关的考核指标等方式激励政府努力实现其在公共体育服务合同外包中的责任。

除了政府部门之外，公共体育服务合同外包的其他利益相关者也可以作为被激励的对象，因为激励社会力量和公民有助于政府部门顺利履行其责任，推动治理现代化。政府作为激励主体时，激励客体为社会力量，政府需要构建一套适用于承接主体的激励机制，社会力量作为合同代理人因过于关注降低成本和提高效率而易于产生逃避责任行为，政府可以通过绩效合约作为补充来激励承接主体认真履行其合同责任，或是了解承接主体的真实需要，一般来说，对承接主体进行回报主要包括经济回报和非经济

---

① 骆亚卓. 合同治理与关系治理及其对建设项目绩效影响的实证研究 [D]. 广州：暨南大学，2011.

回报。经济回报是一种最基本回报，在公共体育服务合同外包发展的初级阶段，经济回报还可以帮助政府培养社会组织，激发其自身的造血功能，但随着公共体育服务合同外包合作的不断深入，非经济回报会是更高层次的激励。① 同样，激励机制也可以作用在公民身上，英国政府就通过激励机制对积极参与公共体育服务评价的公民给予一定的奖励，充分调动公民参与公共体育服务合同外包监督与评价的积极性。建立公民激励机制要做到循序渐进，首先采用参与激励，培养公民的参与意识，然后再过渡到监管激励，激励内容可以综合利益激励和精神激励两个层面，利益激励应尽量控制在与体育利益相关的范围之内，这样有利于推动群众体育事业发展。

相关部门建设公共体育服务合同外包中政府责任的激励机制要特别注意激励机制的作用性质。激励机制的作用具有两种性质，即助长性和致弱性，也就是说，面对不同激励客体和不同情况，"选择性激励"也是一种手段，既可以通过积极的激励方式奖励诱导，也可以通过消极的方式惩罚强制。②

二、信任机制

信任是合作的基础，如果公共体育服务合同外包中的合作主体之间缺乏信任，在不确定的合同外包环境下，就有可能产生机会主义行为，缺乏信任的合作会增加相互之间的猜忌，会耗费大量的资源进行谈判、监管，会增加交易成本、降低生产效率，从而导致政府在公共体育服务合同外包中的责任难以实现。③ 基于社会网络理论视角，在公共体育服务合同外包中，政府与公民之间建立信任机制可以实现共同利益目标，其中关键就在于完善信息沟通渠道，健全公共体育服务合同外包的信息平台。完善信息沟通渠道有利于自上而下表达公民的公共体育服务需求，积极促进公民参与政府决策，保障公民与政府的实时沟通，建立彼此信任的关系。健全公共体育服务合同外包的信息平台是为了促进公共体育服务合同外包的公开

---

① 王琦. 基于利益相关者理论的企业社会责任实现机制研究 [D]. 哈尔滨：哈尔滨工业大学，2015.
② 赵元. 我国"政府合同治理"实施问题研究 [D]. 沈阳：东北大学，2010.
③ 陈斌，韩会君. 公共体育服务外包的政府责任及实现机制论析 [J]. 天津体育学院学报，2014，29（05）：404-408，438.

化、透明化，随时更新公共体育服务合同外包发展情况，方便公民监控公共体育服务合同外包工作，有利于维护政府与公民之间的信任关系。

　　政府与社会力量之间建立信任机制可以避免机会主义行为，有利于产生竞争优势。在公共体育服务合同外包中，政府与社会力量都有机会主义倾向，会通过各种策略来谋取自己的利益，而信任同样是互惠的，这种互惠原则形成了对自利的机会主义行为的一个结构性限制。① 政府可以通过创造公平、公开、公正的公共体育服务合同外包的环境和竞争程序，让参加公共体育服务合同外包的社会力量感受到政府对其的信任，如此一来，政府不仅可以有效避免社会力量的投机行为，还能促进公共体育服务合同外包中的竞争；在合作过程中，社会力量对政府产生信任后，才有可能在承接公共体育服务项目时减少自身的投机行为，双方的信任机制有利于降低公共体育服务合同外包中的成本和风险，既保证公共体育服务的供给质量，又提高公共体育服务合同外包的效率。

三、声誉机制

　　声誉的作用在于为关心长期利益的参与人提供一种隐性激励以保证其短期承诺行动，声誉因此可成为显性合约的替代品。② 社会力量为了在公共体育服务合同外包中形成竞争优势，会树立使政府和公民信任自己的声誉，会认真履行合同责任。声誉机制对政府责任同样重要。声誉可以抑制政府的道德风险，可以让政府自觉履行合同责任，政府声誉是公民和社会力量对政府实施公共体育服务合同外包的评价，对政府以后的发展有直接影响。政府要想在公共体育服务合同外包中树立良好的声誉和形象，就必须提高公共体育服务合同外包能力。首先，可以通过转变政府行政理念，树立使公民信任政府的声誉。在开展公共体育服务合同外包工作时，要坚持"从群众中来，到群众中去"的原则，把实现公共利益最大化作为出发点和落脚点，提供公民真正所需。其次，提高政府对公共体育服务外包合同的治理能力，树立政府相关能力的声誉。在政府内部建立分工合作的机制，促

---

　　① 王琦. 基于利益相关者理论的企业社会责任实现机制研究 [D]. 哈尔滨：哈尔滨工业大学, 2015.

　　② 王琦. 基于利益相关者理论的企业社会责任实现机制研究 [D]. 哈尔滨：哈尔滨工业大学, 2015.

进权力分配的科学化,责任分工明确;注重培养政府相关工作人员处理合同的专业能力,建立一支专业人才队伍。

第二节 公共体育服务合同外包中政府责任监控的实现机制

政府责任不仅要靠激发政府内在的责任动机来实现,还要依赖外部方式来确保。在公共体育服务合同外包中构建一个政府责任的监控机制显得尤为重要。本书从责任监督、责任考核、责任追究三个阶段构建政府责任监控的实现机制。

一、责任监督机制

缺乏对政府责任的有效监督是公共体育服务合同外包工作中的一大隐患。目前,对公共体育服务合同外包的监督多集中在社会力量身上,但往往忽视了政府部门也会存在违法行为,监督不到位会导致政府部门逃避责任,不为自身行为承担责任。完善政府责任监督法律制度是公共体育服务合同外包的首要任务,合同本身具有法律约束性,但是公共体育服务外包合同是参照《中华人民共和国政府采购法》来实施的,并不特别适用,所以中央政府需要完善相关法律制度,规范政府责任。法律制度具体要包括以下几个方面:一是统一公共体育服务合同外包的范围,并不是所有的公共体育服务项目政府都可以进行合同外包;二是健全公共体育服务合同外包程序,尤其是规范合同外包的竞争机制和公平性,防止出现政府寻租行为;三是厘清公共体育服务合同外包中政府的权力与责任,避免政府部门因职责不清而推卸责任;四是确立相关政府部门违法的惩戒措施,抑制政府部门在公共体育服务合同外包过程中的不良行为。

我国政府责任的监督主体单一,侧重行政部门内部自上而下的监督,自下而上的外部监督形同虚设。对于政府合同外包工作来说,第三方监督和社会公众监督更为重要,在第三方监督中,可以选择对合同外包更加了解的主体,能够确保监督程序的专业化、科学化及公平化。公民是公共体育服务的委托人,在公民与政府信息不对称的环境中,政府需要增加公共体育服务合同外包的信息透明度以增强信息责任,公民参与监督政府责任是履行维护公民权利的责任，不应该停留在被动的状态，应该积极行使监督政府责任的权利。但是，在我国公共体育服务合同外包中，公民参与直接监督的渠道不畅，导致公民监督主体缺位。政府应当优化公民参与监督的途径，完善监控平台的功能，不仅要及时公开公共体育服务合同外包的相关信息，还要开发公民监督的回应功能，及时解答公民对公共体育服务合同外包的疑惑，形成良好有效的信息沟通机制。

二、责任考核机制

在公共体育服务合同外包中，考核政府责任是监控政府责任的重要环节，要通过可量化和可操作的程序完成，使政府行为的结果及时得到评价，偏离指标标准的进行纠正，违反的追究对应的责任。① 公共体育服务合同外包的政府责任考核主体是政府内部人员，缺乏参与公共体育服务的承接主体和使用公共体育服务的公民。公共体育服务合同外包的政府责任考核体系不同于普通上级行政部门对下级政府部门的责任考核，公共体育服务合同外包的主要参与者是承接主体和公民，所以政府责任考核主体应该呈现多元化。目前，让承接主体和公民直接参与公共体育服务合同外包政府责任考核的难度较大，可以通过增加相关的考核指标，设置合适的权重，让两个主体间接地参与公共体育服务合同外包的政府责任考核，保证政府责任考核体系的科学化。

三、责任追究机制

公共体育服务合同外包中政府责任监控的最后一个环节是政府责任追究，也就是政府问责。政府问责是实现公共体育服务合同外包中政府责任的有利方式，政府失责后会受到应有的行政、法律等处罚，有利于增强公共体育服务合同外包中政府的责任意识，同时有助于提高相关政府部门依法行政水平，为实现公共体育服务合同外包中政府责任提供制度保障，所以必须加快建设公共体育服务合同外包政府问责机制。公共体育服务合同外包的政府问责机制可以由法律问责、行政问责、社会问责共同组成，法律问责是监控公共体育服务合同外包中政府责任的基础保障，具有强制性，

---

① 于芙蓉. 政治契约视野中的责任政府构建 [D]. 泉州：华侨大学，2011.

为行政问责、社会问责提供问责依据；行政问责是政府问责的主要方式，要制定适用于公共体育服务合同外包的政府问责体系；社会问责作为一种相对独立的问责方式，可以对行政问责提供重要补充。最后，要保证公共体育服务合同外包的问责过程公开、公正，问责结果及时公布在相关平台。

本章小结

根据公共体育服务合同外包中政府的责任受体（公民和社会力量），本章采用合同治理和关系治理两种方式，构建公共体育服务合同外包中政府履行责任的实现机制。另外，对于公共体育服务合同外包中政府责任的监控来说，选择哪些方式监督和监督的后续是实现公共体育服务合同外包中政府责任的关键。从整个责任监控流程来看，将公共体育服务合同外包中政府责任监控过程划分为责任监督、责任考核、责任追究三个阶段，通过构建这三个阶段的监控机制来构建政府责任监控的实现机制。我国公共体育服务合同外包中公民参与直接监督的渠道不畅，导致公民监督主体缺位。政府应当优化公民参与监督的途径，完善监控平台的功能，不仅要及时公开公共体育服务合同外包的相关信息，还要开发公民监督的回应功能，及时解答公民对公共体育服务合同外包的疑惑，形成良好有效的信息沟通机制。政府可以通过在公共体育服务合同外包中增加相关的考核指标，设置合适的权重，让公民和社会力量间接地参与公共体育服务合同外包的政府责任考核。公共体育服务合同外包中政府责任监控的最后一个环节是政府问责，政府问责机制可以由法律问责、行政问责、社会问责共同组成，法律问责是监控公共体育服务合同外包中政府责任的基础保障。

第七章 我国公共体育服务合同外包中政府责任的实现机制实践分析

我国公共体育服务外包的实践起步较晚，我国第一次真正意义上的公共体育服务外包是 2014 年上海市体育局将市民体育大联赛外包给 27 家市级体育协会、2 家区级体育协会及 1 家体育俱乐部联合承办。时至今日，由于我国社会体育组织发展不成熟、公民参与程度不高等多种主客观因素，我国公共体育服务供给仍是以政府垄断或与营利组织合作为主，非营利性体育组织发展不成熟且作用仍待强化。目前，国内研究聚焦在发达国家改革背景和成功经验等方面，以期寻找到一条适合我国国情的公共体育服务改革道路。我国现行公共体育服务合同外包是在各级地方政府的指导下实施的，以各地方体育局为主，其他部门（如各级财政局等）为辅。虽然合同外包是政府购买公共体育服务的方式之一，但是实施合同外包对体育市场化要求较高，加之政府对合同外包过程的监管有一定难度，因此，从客观上来讲，合同外包并不是各级地方政府提供公共体育服务的首选方式。

第一节 案例介绍

目前，通过合同外包来购买公共体育服务仅出现在我国的少部分地区，并且购买项目的数量不多，我国的大部分地区更多选择直接委托和项目申请的方式来购买公共体育服务。为更加具体地了解我国公共体育服务合同外包的发展现状，本节以苏州市政府购买公共体育服务为例，对其发展现状进行分析，力求通过个案分析，总结相关经验。

目前，苏州市是国家体育产业联系点城市之一，也是江苏省公共体育服务体系示范区，更是我国较早开始实施政府购买公共体育服务的城市之一，苏州市的社会体育组织发展较为成熟。关于政府购买公共体育服务，苏州市政府已形成一套体系，并且部分项目是以合同外包的方式进行购买。2016年，为了更有效地满足市民的体育需求，推动社会体育组织向企业化转型，让社会体育组织拥有自我造血功能，苏州市政府开始尝试通过购买公共体育服务的方式向公民提供公共体育服务。从2016—2019年苏州市政府购买公共体育服务项目目录可以看出，购买项目数量整体呈上升趋势，从2016年的47个增长到2019年的93个，增加了近一倍。其中，体育赛事承办服务是苏州市政府购买公共体育服务的主要内容，每年购买体育赛事承办服务项目数量占总项目数量的80%以上（图7-1）。同时，通过调查和访问相关负责人得知，四年来苏州市政府不断加大对购买公共体育服务的资金投入并且预计未来将持续投入更多购买资金（图7-2）。无论是从购买公共体育服务项目的数量，还是从购买公共体育服务项目的资金投入来看，苏州市政府购买公共体育服务工作开展得如火如荼。

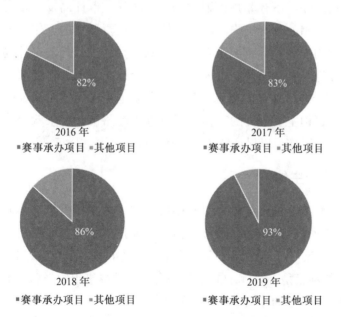

图7-1　2016—2019年苏州市政府购买体育赛事承办服务项目数量占比

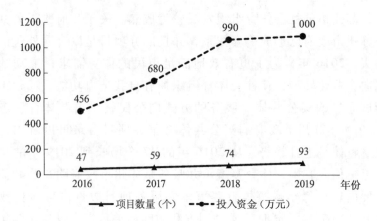

图 7-2 2016—2019 年苏州市政府购买公共体育服务项目数量及资金投入

一、购买主体

苏州市政府购买公共体育服务过程中参与相关工作的政府部门除了苏州市体育局之外,还有苏州市财政局、民政局、审计局及苏州市事业单位登记管理局等相关政府机构。苏州市体育局主要负责的工作是通过项目申请制的方式购买公共体育服务项目,与财政局、民政局、审计局等政府机构和相关体育赛事专家共同组成专家评审会,对收集的申请项目按照规定的评审程序,进行独立、客观、公正、科学地审核评定。而苏州市财政局等相关政府机构主要负责的工作是通过进入苏州市政府采购交易系统完成相关审核评定工作,以保证整个招投标过程的公平、公正。

二、承接主体

苏州市政府购买公共体育服务中的承接主体主要有社会体育组织、企业和相关事业单位。在选择承接主体时,苏州市相关政府部门主要考虑的因素有以下几点:① 该组织是否具备赛事承办的资质;② 该组织的执行能力;③ 承接项目是否对口;④ 最好是有类似的赛事组织经验。而对不同购买方式的选择会影响苏州市政府对承接主体的选择。

首先,是采用合同外包(公开招标)的购买方式,主要用于联赛、综合性体育特色活动及项目绩效评估等公共体育服务的购买。采用合同外包的项目对承接主体是没有任何限制的,无论是社会体育组织还是体育公司或其他公司都可以参加项目的竞标，这样做的目的是让社会体育组织和企业共同竞争，提高社会体育组织的竞争能力，最后通过苏州市政府采购交易系统平台选出最适合该项目的承接主体。

其次，是采用项目申请制的购买方式，主要用于系列赛等公共体育服务的购买。苏州市体育系列赛的承接主体仅限于苏州市属的体育类社会组织，凡是在民政局登记注册的体育类社会组织都可以参加苏州市公共体育服务购买的申报项目，并成为体育系列赛的承接主体。而这些体育类社会组织应具备哪些要求，通过对苏州市体育局相关负责人访谈得知，苏州市政府计划启动对社会组织进行等级评定的工作，并通过引入等级要求来提高参与承接公共体育服务购买项目的社会组织的级别，若社会组织不积极参加等级评定，苏州市政府将不给予其参与公共体育服务购买项目的机会，认为其不具备承接相关赛事的能力。目前，这项工作还处于初步探讨中，并没有实施。从近四年苏州市政府购买公共体育服务项目目录来看，苏州市政府在选择公共体育服务承接主体时，大部分还是会采取对号入座的模式，即什么种类的运动项目，就由什么项目种类的社会体育组织来承办，当某个项目顺利完成后，次年的承接主体在大概率上依旧是同一个社会体育组织。如此一来，就会形成同一个社会体育组织持续承接同一种甚至多种购买项目，造成购买项目的垄断化，这会给其他相关的社会组织参与公共体育服务购买项目造成隐形壁垒。

最后，是采用直接委托的购买方式，主要用于赛事安全保障、新闻宣传等公共体育服务的购买，苏州市可以承接这类项目的主体较少，如苏州新闻综合广播《苏州体育》节目运营，需要专业的工作人员、摄影棚等，考虑到这些资源的可获得性，苏州市电视台等事业单位会是最佳承接主体。

三、购买内容

对近四年苏州市政府购买公共体育服务项目目录进行分析，其内容可以分为群众体育赛事类、培训保障类、媒体宣传类、项目绩效评估类四个板块。其中，培训保障类围绕相关体育赛事的安全保障。媒体宣传类主要是通过《苏州日报》《姑苏晚报》及相关广播和电视台对苏州市体育相关内容进行宣传。项目绩效评估类是苏州市政府为了使政府购买公共体育服务发展得更加规范和科学，通过购买的方式选出独立的第三方机构对购买项目进行监管与评估。2016—2017年，苏州市政府购买公共体育服务项目中还出现了2个组织平台类项目，分别是苏州市属协会俱乐部在线会员发展与苏体通一站式服务平台使用和日常运营维护服务费的工作。群众体育赛事承办服务是苏州市政府购买公共体育服务的主要内容，涉及的体育赛事种类丰富，可参与人群的年龄跨度大，从少儿到老年人的体育项目都包含在内，尤其重视当地老年人的体育需求。在2017年的购买项目目录中，针对老年人群体，增加了苏州市老年人重阳登高活动、苏州市中老年人气排球比赛、第五届中日韩中老年网球比赛、苏州市广场健身舞大赛等项目，2018年更是推出老年体育的专项赛事活动板块。从购买项目的分类上来看，"足篮排"三大球、羽毛球、乒乓球、自行车、户外登山、高尔夫球、轮滑等多个种类的体育项目购买数量都在两项或两项以上，再加上苏州市的特色体育项目皮划艇、棒球、橄榄球、滑雪、航空模型、帆船、飞镖、扑克、体育舞蹈等，苏州市政府在2019年购买的体育赛事承办服务项目数量达到86项，并将其具体分为项目联赛、系列赛和综合性特色体育活动（附录B）。如何保证政府购买的群众体育赛事与公民的需求一致，苏州市体育局有自己的一套信息收集渠道和衡量标准。一方面，为了满足公民的体育赛事需求，苏州市体育局会通过第三方评估机构和承办比赛的单位对参赛群众进行现场问卷调查或访谈，以了解公民更喜爱哪些项目的赛事，希望哪些赛事多多开展，或是新增哪些项目的赛事，苏州市体育局会将调查的反馈结果作为选取购买公共体育服务项目的参考依据；另一方面，在购买群众体育赛事承办服务的前期，苏州市体育局会向社会体育组织征集可以办赛项目的办赛方案，根据征集到的办赛方案举办专家评审会，具体讨论哪些体育赛事是需要由政府向群众提供的，通过专家评审打分，最终选出政府购买的公共体育服务项目。除此之外，苏州市体育局还需要对举办过的赛事进行一个评估，赛事的可持续发展也是苏州市体育局确定此项目是否保留购买的重要参考标准。

四、购买方式

苏州市政府购买公共体育服务的方式大致可以分为三种，即合同外包、项目申请制及定向委托。苏州市政府根据项目的性质、发展前景和可承接主体的数量等多种因素来选择项目的购买方式。在2016—2019年期间，苏州市政府购买公共体育服务的主要方式是项目申请制，多用于体育赛事承办服务的购买。据苏州市体育局相关负责人介绍，在确定政府购买体育赛事承办服务项目之后，除了进行合同外包的项目之外，其他项目均采用项目申请制的方式，提供办赛方案的社会体育组织直接为这个赛事的承接主体，随之向外界公布，然后实施，整个过程可以分为征集—评审—公布—实施四个流程。2019年开始，项目申请制的购买方式仅用于体育赛事中的系列赛，其投资金额的确定方法比较特别，在承办主体举办完相关系列赛后，第三方评估小组会根据评估体系计算出承接主体的得分，并从高到低排列出来，根据分数确定社会体育组织可以获得政府补贴资金的等级。

2019年以前，苏州市政府以合同外包的方式购买公共体育服务相对较少，也没有针对某些项目强制要求进行合同外包。2019年，苏州市体育局将购买的群众体育赛事冠名为苏州市大众体育联赛，包括13个项目联赛、5个综合性特色体育活动及68个系列赛，其中，68个系列赛采用项目申请制的方式购买，13个项目联赛和5个综合性特色体育活动均采用合同外包的方式购买。苏州市体育局根据2016—2018年购买体育赛事的发展情况，选择在苏州市能够形成一定的竞争市场并且具有品牌打造价值和持续发展能力的主题赛事和品牌赛事，采用合同外包的方式购买，以此提升政府购买的影响力。确定合同外包的体育赛事项目后，交由苏州市财政局统一进行公开招标，选取承接主体。另外，项目绩效评估也是通过公开招标的形式选择承接主体。

第三种购买方式为直接委托，主要用于保障服务类项目，包括赛事安全保障服务和新闻宣传服务项目，采用这种方式购买的主要原因是这些项目的性质较为特殊，有且只有1~2家承接单位可以承办，形成单一来源采购，所以苏州市体育局选择以直接委托的方式购买这些项目。

五、财政资金

苏州市政府购买公共体育服务的财政资金全部由苏州市财政局拨款，这些资金主要来源于苏州市体彩公益金。除了合同外包中的30%的预付款之外，苏州市财政局对政府购买公共体育服务资金均在各项目完成之后统一下拨，整个拨款流程为：在确定了购买公共体育服务项目目录后，苏州市体育局经济处会对当年购买项目经费进行预算，然后上报给苏州市财政局。在具体实施政府购买公共体育服务之后，承办主体提交财务报表给苏州市体育局，苏州市体育局审核后上交财政局。财政局等相关部门审核通过即可下拨资金，苏州市体育局的资金审核时间为3到5个工作日，苏州市财政局的资金审核时间约为两周的工作日，整个审核流程不超过1个月。2019年开始，苏州市体育局对所有通过合同外包，以公开招标形式购买的项目联赛和综合性特色体育活动的财政资金都做好了预算，并公之于众，并且对于不同项目联赛的购买统一了财政资金标准，购买金额为20万元，所有的综合性特色体育活动的购买金额统一为30万元（附录B）。由此可以推断，苏州市政府在合同外包购买方式的财政资金安排上已初步形成统一的标准，有利于避免、减少承接主体因资金拨款数量与政府产生不必要的争执，值得各地政府部门参考借鉴。

六、监督与评估

从2018年开始，苏州市政府选择第三方机构作为购买公共体育服务的监督与评估主体，2019年开始，苏州市政府通过合同外包的方式来选择监督与评估主体，以保证监督与评估主体的质量和独立性，运用第三方监督与评估体系对苏州市政府购买公共体育服务进行监督与评估。监督与评估共分为两个环节：第一是现场监督与评估，评估专家到比赛现场对整个比赛的流程、现场布置等内容进行打分；第二是赛事承办单位提交材料评估，每个赛事承办单位需要在规定的时间内上传相应的比赛材料，监督与评估专家对材料上传情况及内容进行打分。最终的监督与评估分数由现场评估分数和材料评估分数组成。第三方监督与评估主要用于监督与评估通过项目申请制的方式购买的系列赛，而通过公开招标购买的项目联赛和综合性特色体育活动则由政府财政局进行监督与评估。

苏州市政府自2016年开始开展政府购买公共体育服务工作，在刚开始的三年，苏州市政府在边摸索、边实践中寻找适合苏州市自身的政府购买公共体育服务体系，终于在2019年基本形成了一套苏州市政府购买公共体育服务的体系，使购买的整体过程相对规范化和科学化。但是，通过合同外包方式购买的公共体育服务项目比重仍然偏低，说明公共体育服务市场竞争还有待提高；除合同本身的约束力外，苏州市政府对相关政府部门的监督与评估机制缺失，这容易造成政府部门逃避责任、推卸责任等问题。

第二节 我国公共体育服务合同外包中政府责任实现困境分析

我国公共体育服务合同外包起步较晚,虽然取得了一定成绩,但公共体育服务市场化发展缓慢。另外,公共体育服务合同外包中政府错位、越位和失位仍然影响着公共体育服务合同外包的发展,导致公共体育服务合同外包中政府责任实现"偏""难""缺"三大问题,使公共体育服务合同外包发展受阻。究其原因,不仅有外部客观原因,也存在政府自身的主观原因。

一、公共体育服务合同外包中政府的目标偏移

由图7-3可知,在整个公共体育服务合同外包过程中存在两层委托代理关系,第一层是公民与政府部门之间的行政委托,第二层是政府部门与社会力量之间的经济委托,而在这两层委托代理关系中只有保证了第一层委托代理关系的健康发展,第二层委托代理关系才能发挥价值。公共体育服务合同外包以满足公民日常健身活动、多元体育需求,保障公共体育服务的公平性与公益性为首要发展目标,在此基础上,推动公共体育服务市场化发展,提高公共体育服务供给效率。虽然这种方式能有效弥补地方政府供给失灵问题,但是在相关法律制度对政府行为规制缺失的背景下,我国

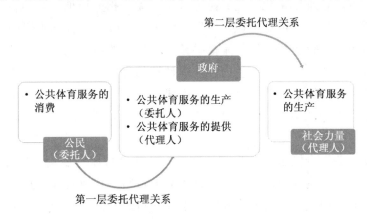

图7-3 公共体育服务合同外包中的委托代理关系

地方政府仍会忽视公共体育服务的公平性与公益性，逐渐趋向经济利益，选取公共体育服务合同外包的承接主体的价值导向从服务质量转变为价格成本，引发公共体育服务质量风险问题，偏离了地方政府采用合同外包方式的最初目标，造成政府责任取向混乱。

政府采取合同外包方式购买公共体育服务在一定程度上有利于提高供给质量，解决"政府资源失灵"问题，并且能够降低公共体育服务供给成本，缓解政府财政压力。但是，现阶段我国地方政府在最大化公共体育服务价格优势作用的同时，也最小化了公共体育服务质量升级作用。我国政府本应始终坚持为人民服务，但在面对经济利益的诱惑时，地方政府官员偏离了公共体育服务合同外包的首要目标，转向为自身服务，公共体育服务合同外包的价值名存实亡。

二、公共体育服务合同外包中运行机制建设困难

合同外包在其他公共服务领域可能已经形成相对健全的运行机制，但是其在公共体育服务领域还处于实践的初级阶段，并且合同外包是一种环节较多、程序复杂的购买方式，所以，长期以来以经济建设为中心的政府要建设一套健全的公共体育服务合同外包运行机制还是有一定难度的。

首先，关于公共体育服务外包合同的制定问题，起草一份合同对工作人员的专业技能要求普遍较高，合同的成本计算、公开招标流程的设计、合同外包的相关标准制定对地方政府来说都是极大的考验。公共体育服务合同外包的内容难以量化，尤其是像赛事活动、相关培训这些项目，其成本和数量、质量标准很难掌握，所以，许多地方政府在合同拟定中语言不清、条件不明，容易滋生公共体育服务合同外包的风险问题。此外，信息不对称加大了政府对合同外包内容成本计算的难度，再加上我国政府缺乏公共体育服务供给成本的计算方法，而成本计算又包含信息成本、监督成本、决策成本等多类成本的计算，政府很难面面俱到，这无疑给政府制定合同增加了难度。

其次，关于合同公开招标程序问题。公共体育服务合同招标不透明、不规范的现象普遍存在，政府与部分社会力量暗中达成合作，本该采用合同外包却私自换成直接委托，政府会选择在特殊时间段公布招标信息，缩短招标时间，或者制定只有一个承接主体能满足条件的规定，让相应的承

接主体顺利中标。合同外包本应是最能保障充分竞争,提高服务质量的购买方式,但是如果招标程序不规范、不透明,那么将是政府权力寻租,滋生腐败的武器。

最后,关于合同外包标准问题。公共体育服务合同外包的标准问题不仅出现在合同制定环节,还出现在合同评估环节。苏州市政府在购买公共体育服务时就曾出现过类似的问题。在财政资金结算时,由于缺少财政资金衡量标准,部分承接主体对不同项目的资金问题产生了不少质疑与分歧,如承办某个项目的比赛,获得较多的承办资金,而另一个项目获得较少的承办资金,就非常容易让承接主体对政府衡量资金的标准产生不满。这个问题困扰苏州市政府很久,最终苏州市政府通过采用一套评分体系来解决此类问题。对于这类问题,部分地方政府找到了解决措施,形成了一套适合自己的财政资金标准体系。

三、对公共体育服务合同外包中政府问责的缺失

由于管理活动本身的复杂性、政府体育行政部门与其他组织合作的不完善性及外界环境因素的干扰,体育公共产品服务外包过程中面临种种风险。[①] 与此同时,在双层委托代理关系中,既作为代理人又作为委托人的政府,其道德行为也会受到考验。这些风险和问题不管出现在哪个环节,都有可能让政府出现不当行为,但是对政府的问责却无人问津。而问责主体、问责客体、问责程序的缺失,是政府实现担保责任的严重阻碍。

从实践层面来讲,政府和承接主体可以作为彼此的问责主体,因为双方都有发生道德风险的可能性。在合同外包中,承接主体与政府部门的地位对等,政府有监督社会力量的责任,同时也有被监督的义务。当公共体育服务合同外包双方的问责主体缺失时,会诱发以下问题:社会力量积极参与却因没有公平、公正的合同外包程序而无法承接项目,政府错失优秀的承接主体;承接主体因追求经济利益,无法按规定质量提供公共体育服务。对政府问责的主体并不是单一的,还包括公共体育服务的使用者及上级行政部门。公民作为公共体育服务的消费者,当公共体育服务质量下降

---

① 李荣日,刘宁宁. 体育公共产品服务外包:风险识别、监管与规避 [J]. 武汉体育学院学报,2016,50 (01):36-43.

或者服务内容不是其真正所需时,可以发挥消费者的权利对政府进行问责,以防止政府和社会力量逃避公共责任,沦为私人资本谋求私利的工具。

从法律上讲,公民和社会力量可以监督政府,对政府的不当行为有揭发控告的权利,但是真正能够处理、追究政府人员责任的问责主体是上级行政部门。政府想要获得上级相关行政部门下拨的财政购买资金,就必须通过上级行政部门的考核,相比其他两个问责主体,上级行政部门是最有效的问责主体。上级行政部门在公共体育服务合同外包中的问责并不缺失,缺失的是问责的客体及问责的程序。长期以来,一直存在政府与承接主体责任划分不清的问题,出现双方相互推脱责任的现象,同时,也存在同级政府部门之间职权范围交叉的问题,导致政府部门之间相互推卸责任,问责客体的不明确使上级行政部门难以进行问责。从问责的程序来讲,一些现行的法律法规对政府责任的规定还处于空白阶段,也没有制定专门的针对公共服务外包行政问责制方面的法律法规[1],特别是问责程序的配套规定还很欠缺。再加上考虑到问责的成本等问题,上级行政部门启动对相关政府的问责难度较大,最后对政府的问责不了了之。

第三节 我国公共体育服务合同外包中政府责任实现困境成因分析

一、公共体育服务合同外包中政府的角色定位失误

我国公共体育服务市场化起步较晚,市场化程度相对较低,政府难以摆脱"官本位"思想,依然停留在传统的行政管理模式中,对自己的角色定位不清。在长期的传统行政管理模式影响下,政府部门并没有完全抛掉"以官为贵"的思想,以"官"的意志为转移的利益特权仍然残留。在选择公共体育服务合同外包项目上,政府部门形成了一种"不是看公民要什么,而是看政府能提供什么"的价值导向,没有树立正确的公共服务行政理念,难以在真正意义上履行政府供给责任。

政府对自己身份的转变没有明确认识,政府"错位""越位""缺位"等问题仍然存在。我国公共体育服务合同外包并不是通过一个政府部门就

---

[1] 张立立. 我国公共服务外包政府监管问责机制构建研究[D]. 成都:电子科技大学,2013.

能够完成的工作，需要相关政府部门相互配合。但是，我国公共体育服务合同外包的法律制度尚不健全，各部门之间的职责分工不明确，出现政府部门角色"错位"，对公共体育服务合同外包实施中出现的问题相互推卸责任的现象；我国大多数的公共体育服务合同外包的承接主体是从政府中脱离出来的体育组织，这使公共体育服务合同外包中强调的"政社分离"变为虚有其表。另外，这些体育组织由于长期依赖政府生存，独立性相对较差，在承接公共体育服务合同外包项目后，还是会受到政府部门的干预，出现政府部门权力"越位"，妨碍市场配置资源基础性作用的发挥，违背政府行政改革的初衷。① 公共体育服务合同外包是政府将生产责任转移给社会力量，但并没有连同质量责任、监管责任、担保责任一起转移出去，然而，部分政府却认为生产责任转移给社会力量后，政府部门就可以撒手不管、任其发展，出现政府部门责任"缺位"，当公共体育服务合同外包出现质量问题时理所当然地认为是承接主体的责任，将本应由政府承担的责任推卸给承接主体，最终导致公民的体育利益受到损害。

二、公共体育服务合同外包的法律制度不健全

许多学者都曾多次提出我国公共体育服务合同外包相关法律制度不健全的问题，但这个问题至今没有得到解决。公共体育服务合同外包中含有两层委托代理关系，每层委托代理的主体也不一样，尤其是政府的角色互换更有难度，所以整个公共体育服务合同外包过程相对复杂，难以操作。我国政府还处在转型阶段，这样一个大环境下，政府在落实其在公共体育服务合同外包中的责任时难免会出现纰漏。而完善的法律法规和政策配套是推动我国公共体育服务改革的核心外部动力。

现阶段，我国公共体育服务合同外包仍处于初级探索阶段，各级政府在公共体育服务合同外包的实践中缺乏具有普适性的法律与政策来指导实践过程。目前，我国公共体育服务合同外包可以参考的相关政策文件是《关于政府向社会力量购买服务的指导意见》和《政府购买服务管理办法》，这些政策文件的法律约束性较弱，指导性较强，不能很好地规范我国公共体育服务合同外包工作。《中华人民共和国政府采购法》是我国公共体育服

---

① 麻翠翠.善治视角下公共服务外包中政府责任研究［D］.长春：吉林大学，2016.

务合同外包主要参考的法律文件，但是政府采购和政府公共体育服务合同外包的理念不完全相同，特别是承包主体、外包范围、价值导向等方面存在不一致，甚至在实际操作层面相差较大。政府采购的内容多为体育设施的购买和建设等硬服务，而各地方政府进行合同外包的项目通常都是包括赛事承办、体质测试、体育运动指导等在内的公共体育软服务。目前，现有的法律法规难以保障公共体育服务合同外包运行过程的规范性与合法性。中央政府制定的法律与政策并不完全适用于各级地方政府，由于现行法律规定的发包主体、外包条目等与实际情况并不一致，现行法律对公共体育服务合同外包的约束力不足，不能满足各级地方政府合同外包的制度需求。[①] 目前，江苏省、浙江省、陕西省等多个省的地方政府都已根据国务院办公厅颁发的《关于政府向社会力量购买服务的指导意见》结合本地实际情况制定了公共体育服务合同外包的实施办法。但是，由于我国公共体育服务合同外包的经验不足，各级地方政府缺乏实施公共体育服务合同外包的指导性理论和实践经验，其制定的实施办法通常操作性与实践性不强，考核办法不具有普适性和标准性，这直接导致公共体育服务供给质量较差、效率低下。这种各省市各行其法、缺乏全国统一性管理办法的状况，不利于公共体育服务合同外包的长远发展。因此，这需要我国政府进一步完善公共体育服务合同外包相关的法律和政策，促进公共体育服务合同外包的规范化和可持续发展。

三、公共体育服务合同外包中政府能力存在不足

从政府直接提供公共体育服务到通过合同外包的形式提供公共体育服务，要求政府由传统型政府转变为服务型政府，这对政府能力是一种挑战。公共体育服务合同外包本质上是政府部门开阔边界能力，如何做到公平与效率的统一，如何治理公共体育服务合同外包的合作过程等新问题的产生，让政府部门担负的责任变多，对政府的能力提出更高要求。

公平与效率的统一始终是公共体育服务合同外包的一项难题，引入合同外包方式后，效率标准让传统的政府责任体系受到冲击，效率标准与原

[①] 谢叶寿. 政府向非营利组织购买公共体育服务研究 [M]. 芜湖：安徽师范大学出版社，2017.

有政府职责之间的融合困难，可能损害公民利益与公民享受公共体育服务的权利。公平与效率看似是一对矛盾体，但是两者之间在某种状态下可以达到相对平衡。想要让公平与效率相对统一，既需要兼顾二者，又需要对"较弱"的一方进行关照，以求平衡。① 在公共体育服务合同外包中，公平作为相对"较弱"的一方，需要由政府来主导，可以通过法律规制、提升专业的合同治理能力及正确处理好承接主体的选择及其关系的问题。从我国发展现状来看，相关法律制度的缺失在理论层面不能有效完成法律规制，从专业的合同治理能力层面来讲，拥有专业的合同治理能力是保证公共体育服务合同外包项目在起点、过程和结果上的公平。政府部门在进行公共体育服务合同外包过程中，需要一支专业化的公共体育服务合同外包人才队伍或是综合性人才，也可以组织相关的工作人员对合同的制定、谈判的技巧、监督等方面相关知识进行专门的培训和学习②，但我国政府部门无论是选拔专业人才、综合性人才还是对相关人员进行培训都没有形成。当政府缺乏合同治理能力，负责公共体育服务合同外包的公务人员也没有公共体育服务合同外包方面的理论知识及实践经验时，各地政府公共体育服务合同外包工作只能在摸索中前进，政府责任不明确。

从我国公共体育服务合同外包发展现状来看，政府责任的实现受到内外部环境的影响，在双层复杂环境中，盲目对其中任何一个问题进行改变都存在一定的风险。在公共服务改革的道路上，走在前沿的发达国家留下了许多宝贵经验，比较和分析发达国家的公共体育服务供给方式的相关内容，有利于加深我们对公共体育服务合同外包中政府责任的了解，进而得到更具有融合性、可行性的经验。

四、公共体育服务合同外包的内容范围有限

目前，我国公共体育服务合同外包仍处于初期起步阶段。虽然一些地方政府出台了关于公共体育服务合同外包实施的暂行办法，但是并未对具体的合同外包范围做出明确规定。现阶段，各地方政府实施合同外包的公

---

① 严明明. 公共服务供给模式的选择：基于公平与效率关系理论的阐释[J]. 齐鲁学刊，2011（04）：103-106.
② 彭潜皓. 我国公共服务合同外包中政府责任缺失问题研究：基于委托-代理理论视角的分析[D]. 上海：上海交通大学，2014.

共体育服务范围有限,主要包括体育赛事与活动承办、体育场馆开放和学生体质监测等方面,大部分公共体育服务未被纳入合同外包范围,一些重大公共体育服务项目仍由政府直接生产和提供,政府并未将这部分政府职能向外部转移。此外,已实施公共体育服务合同外包工作的政府多为东部沿海发达地区政府,大部分欠发达地区政府尚未开展公共体育服务合同外包工作。从现阶段我国的现实国情来看,公共体育服务合同外包仍处于部分地方政府试点阶段,数量、范围和质量都有待进一步提升。

五、公共体育服务合同外包行为内部化

(一)社会体育组织竞争性不足

现阶段,我国社会体育组织发展速度较慢,据《2018年民政事业发展统计公报》,截至2018年年底,全国正式登记的体育社会组织达53 750个,包括体育类社会团体33 722个,体育类民办非企业单位19 986个,占全国社会组织总量的6.58%,远低于美国、英国、德国、韩国等发达国家。社会体育组织数量少、规模小、力量薄弱的现状直接导致我国政府开展的公共体育服务合同外包实践面临社会体育组织竞争不足,无法形成竞争性市场的尴尬局面。政府不得不采用谈判、体制内外包、定向购买等方式外包公共体育服务。

(二)存在较高的隐性进入壁垒

公共体育服务合同外包中的隐性进入壁垒是指政府作为发包主体在公共体育服务合同外包领域设定的不成文、非硬性且不违法的门槛条件、障碍或承包商标准。没有与政府合作经历的潜在承包商很难直接越过隐性门槛获得政府资源。这种隐性门槛也意味着政府偏向既有承包商,政府在招标过程中有一定的私人偏好与选择倾向。[①] 真正具有独立性的非政府体育组织在公共体育服务合同外包中也很难与政府处于平等的协商和谈判地位。首先,非政府体育组织在资源和资金募集方面的能力远低于政府。其次,群众对政府的信任程度与依赖程度高,非政府体育组织缺乏基本的社会认可。在非政府体育组织规模较小、能力不足的情况下,非政府体育组织很难与政府建立平等的谈判与协商关系,大多处于弱势被动地位,这在一定

---

① 邓金霞. 公共服务外包中是否存在隐性进入壁垒?[J]. 中国行政管理, 2016 (05): 53-58.

程度上削弱了非政府体育组织参与公共体育服务生产与供给的积极性。

(三) 政府监督与评估存在不足

现阶段,各地方政府已出台有关公共体育服务合同外包的实施办法,监督公共体育服务合同外包的运行过程。但是,我国公共体育服务合同外包仍处于发展初期,监督机制尚不成熟,在监督主体、监督对象和监督内容等方面都存在问题。绩效评估主要包括政府职能部门评估、政府委托第三方评估和独立第三方机构评估三种方式。现阶段,我国各地方政府主要采用的是政府职能部门评估和政府委托第三方评估。政府委托第三方评估通常包括引入专家组与政府人员组成评估小组或委托借助政府力量成立的半官方评估机构,这些方式与政府职能部门评估本质上没有区别,并未脱离单一的政府内部评估模式。公共体育服务合同外包绩效评估体系应当包含效率评价与效果评价两个方面,既要保障公共体育服务供给成本和供给数量,又要保障公共体育服务质量和群众满意度。但各地方政府评估部门尚未出台科学的公共体育服务合同外包绩效评估体系,存在重效率评价轻效果评价的问题,导致公共体育服务合同外包一直无法突破"自上而下"的模式。评估人员专业知识储备不足;没有法律法规规定的、系统的、科学的评价标准,造成评价随意性较大;评价方式的客观性不足,主要以听取汇报和检查作为评价方式。①

第四节 我国公共体育服务合同外包中政府责任实现机制优化分析

在公共体育服务合同外包过程中,具体采用何种模式,需要根据公共体育服务项目的发展情况及各地方政府与社会体育组织的能力、关系与发展程度来决定,针对我国公共体育服务合同外包运作现状,就如何优化我国公共体育服务合同外包行为,提出以下建议。

一、完善公共体育服务相关政策法规体系

合同外包是政府行政改革、职能转变的重要路径之一,政府需要通过

---

① 王占坤,吴兰花,张现成.地方政府购买公共体育服务的成效、困境及化解对策[J].天津体育学院学报,2014,29(05):409-414.

政策支持和法律规制，推动其健康发展。政府要尽快出台有关公共体育服务合同外包的实施办法，健全公共体育服务相关配套政策体系，科学修改和完善已颁布的法律法规。根据公共体育服务合同外包过程涉及的三个主体和核心环节制定专门的政策，出台更具体、更科学的实施办法或业务开展条例，使其更好地适应合同外包的需要，为公共体育服务合同外包提供细致的政策指导，促进公共体育服务合同外包发展。

二、重视公共体育服务供方市场培育

（一）扶持社会体育组织发展，培育竞争性市场

培育公共体育服务竞争性市场的基础就是要通过出台相关政策，资助与培育社会体育组织。社会体育组织的发展离不开政府资金的支持，政府资助作为社会体育组织的主要资金来源，其规模远远大于社会募捐。政府要善用经济管理方法来支持社会体育组织的发展，可以通过设立专项资金、引导社会捐赠、减免税等手段，扩大社会体育组织的资金来源。政府行政改革的本质就是利用政府职能部门的资金、技术和人才来创造和培育更多的第三部门，并指导这些组织生产社会公共服务、解决社会问题。此外，政府也应重视社会体育组织专业人才的培养和团队建设，建立专业人才保障机制，依托高校和其他机构，培养一批具有较高专业素质和强烈的社会责任感的优秀社会体育组织人才，改变社会体育组织人才缺乏的局面。确保政府与社会体育组织之间形成公平的竞争，向群众提供优质高效的公共体育服务。只有可供政府选择的能够提供优质体育服务的社会体育组织数量足够多，才能防止个别供应商垄断公共体育服务的生产和供应。这些社会体育组织在公共体育服务供给中相互竞争、互相制约，使政府可以通过对比众多公共体育服务提供者的专业资质、服务价格、生产能力来鉴别、选择质优而价廉的公共体育服务。

（二）建立公共体育服务市场价格机制

各项公共体育服务在公共体育市场中的价格因其价值不同而不同。自20世纪80年代我国开始推行社会福利保障制度以来，公共体育服务就一直以社会福利的形式由政府免费提供给人民群众。在公共体育服务合同外包运作过程中，应当建立与完善公共体育服务价格评估机制，对公共体育服务进行基本的生产成本核算以明确公共体育市场中各项公共体育服务的合

理价格,这是政府进一步推动公共体育服务合同外包健康发展的前提。同时,在政府监管市场价格的前提下,应当给予市场在合理范围内自行调节公共体育服务价格涨落的权利,允许公共体育市场中的各个供应商之间建立竞争关系以保障政府可以以合理范围内的最低价格购买最优质的公共体育服务。

(三) 建立公平合理的招投标机制

供应商的技术能力和专业素质会直接影响公共体育服务的生产效率和质量。建立公平合理的招投标机制是遴选承包商的核心,也是合同外包运作流程中的关键。政府通过公共资源交易平台向社会发布招标公告,公告内容应包括外包项目内容、服务标准、评标方法、评标细则及招投标流程等,并向社会开放咨询答疑服务。开标后,由评标委员会按政府规定的评标方法与评标细则对供应商提交的标书进行评分,得分最高者确定为中标承包商。建立公平合理的招投标机制要做到以下两点:① 建立科学的综合性评标体系;② 实行第三方评估。政府应当牵头组织有关专家建立科学的供应商评估指标体系,改变"低价为王"的评估标准,建立综合性评标指标体系。如第四章案例1中内蒙古自治区政府出台的公共体育服务评标指标体系,从价格和技术两方面评估供应商资质,其中价格仅占评标分数的15%,技术评估部分包括赛事总体方案及策划、重点项目分享实施方案、企业管理水平、设计制作搭建能力、应急预案、安全质量保证体系、赔偿承诺和供应商业绩等方面,对供应商进行综合性的全方位评估,以确保向社会公众提供优质公共体育服务。评估指标体系确定后,评估主体的能力也十分重要,由于对供应商资质的评估涉及成本核算、合同交易价格确定、服务质量标准设定、供应商资质鉴定、资金回报率确定等专业性较强的流程,政府职能部门应当牵头组建专业能力较强、权威性较高的评标委员会。此外,为保证公平性与透明度,削弱政府偏好对评标结果的影响,评标委员会应由政府部门、基层社区、采购代理商、评估专家和社会公众等不同群体共同组成,以反应不同群体的需求,确保公开招标的公平、公正和透明。

(四) 完善公共体育服务合同外包监督机制

公共体育服务合同外包运作过程中,急需改变监督对象片面化的现象,将政府职能部门纳入被监管对象范围,让其与社会体育组织一起接受政府内部监管和社会监督。从政府层面来看，合同外包监督机制应当包括政府内部自我监督和社会监督两个方面，政府内部纪检部门和审计部门应加强对合同外包交易资金的真实性、合法性与投入回报率的监督，形成权力制约，杜绝腐败、寻租等行为；建立政府政务公开平台，公示公共体育服务外包合同内容与执行过程，引入社会公众参与政府行为监督，提高公众参与的积极性。从社会体育组织层面来看，政府财政部门应加强对社会体育组织的项目资金使用规范性与合法性的监督，政府体育部门与社会公众监督公共体育服务和产品的生产质量和效率。除此之外，引入专业的第三方监督机构参与外包合同执行的全过程，既参与社会体育组织的生产质量监督，也监督招投标过程中政府部门是否存在腐败、寻租行为，提高监督的真实性与专业性。

（五）加强公共体育服务合同外包绩效评价体系建设

构建科学合理的绩效评价体系是提高公共体育服务生产质量和效率、提升政府形象、推动社会体育组织发展的必要条件。加强绩效评价建设应当着重关注以下几点。

1. 规范绩效评价流程

公共体育服务合同外包绩效评价应遵循以下流程：首先，政府职能部门负责构建公共体育服务合同外包绩效评价指标体系、确定绩效标准、明确各指标的权重系数；其次，利用问卷调查、访谈、留存资料评价等方法采集公共体育服务合同外包执行数据，并利用效率评价与质量评价的方法评估有效数据；最后，撰写数据分析报告，制订公共体育服务合同外包绩效提升计划。

2. 形成多元化的绩效评价主体

引入独立、专业、权威并具有一定政治理性的绩效评价主体是建设绩效评价体系的关键，一个集合多元社会群体力量的体制外的第三方评价主体是改进绩效、提升政府公信力的必备条件。绩效评价主体应当包括政府考核机构、专业评估组织、社会体育组织、公民、媒体、审计组织。其中，公民作为公共体育服务合同外包的直接受益人，直接接触和感受承包方生产的公共体育服务，理应成为公共体育服务合同外包绩效评价中的核心力量。通过网络投票、问卷调查和面对面访谈等方法了解公民对公共体育服务的满意度，引入服务对象来评价政府绩效，充分考虑社会意见以改进公共体育服务合同外包行为。

3. 构建系统的绩效评价指标体系

绩效评价指标体系应当从考核公共体育服务合同外包的经济效益和社会效益两个维度出发。从经济效益层面来说，主要考核合同交易成本、运营成本、政府投入成本、政府投资回报率和满足公众需求的程度；从社会效益层面来说，主要考核社会体育组织生产的公共体育服务的数量、质量、普及性、便利程度和社会公众对公共体育服务的满意度。同时，设定各项绩效指标的权重系数，科学评价公共体育服务合同外包的政府绩效与社会体育组织绩效，并根据经验制订绩效改进计划。

4. 综合多元化绩效评价方法

坚持客观性、科学性、定量评价与定性分析，综合过程导向与结果导向，结合项目执行过程、评价内容与项目性质使用不同的绩效评价方法，如对项目完成情况的评价，包括社会示范性、公众满意度和社会效益等，可以通过问卷调查、访谈、网络采集意见等方法进行；对项目执行情况的评价，包括赛事组织数量、社会参与度、宣传推广效果、赛事安全保障措施等，可以通过查阅留存资料、定量分析等方法进行。此外，收集各项公共体育服务合同外包项目的绩效评价数据并将其录入政府相应的系统进行留档保存，对各项目的承包方进行横向对比，以便政府遴选优质供应商来进一步提升公共体育服务合同外包的绩效。

本章小结

根据公共体育服务合同外包过程中的三个主体和核心环节，本章对苏州市政府购买公共体育服务进行调查，对我国公共体育服务合同外包中政府责任实现机制进行实践分析。在我国公共体育服务合同外包实践中，由于政府角色定位失误、法律制度不健全、政府能力存在不足、外包内容范围有限及行为内部化等原因，公共体育服务合同外包中出现目标偏移、运行机制建设困难、政府问责缺失等问题。本章针对上述公共体育服务合同外包困境，提出我国公共体育服务合同外包中政府责任实现机制的优化路径。第一，出台更具体、更科学的实施办法或业务开展条例，为公共体育服务合同外包提供细致的政策指导。第二，重视公共体育服务供方市场的培育，扶持社会体育组织发展，培育竞争性市场。第三，建立公共体育服务市场价格机制，对公共体育服务进行基本的生产成本核算以明确公共体育市场中各项公共体育服务的合理价格。第四，建立公平合理的招投标机制，是遴选承包方的核心，也是合同外包运作流程中的关键。第五，完善公共体育服务合同外包监督机制。政府内部纪检部门与审计部门加强对合同外包交易资金的真实性、合法性与投入回报率的监督，形成权力制约，杜绝腐败、寻租等行为；建立政府政务公开平台，公示公共体育服务合同内容与执行过程，引入社会公众参与政府行为监督，提高公众参与的积极性。第六，构建科学合理的绩效评价体系，科学评价公共体育服务合同外包的政府绩效与社会组织绩效，并根据评价结果制订相应的绩效改进计划。收集各项公共体育服务合同外包绩效评价数据并将其录入政府相应的系统进行留档保存，对各项目的承包方进行横向对比，以便政府遴选优质供应商，进一步提升公共体育服务合同外包的绩效。

第八章 结论与建议

一、主要结论

（1）公共体育服务合同外包中的政府责任是指政府及其行政人员有义务及时、积极、有效地回应公民对公共体育服务的需求，通过合同外包的方式为公民提供低成本、高效高质、公正公平的公共体育服务，在公共体育服务合同外包过程中，政府及其行政人员如果没有按照合同规定，依法履行或履行不好所承担的公共体育服务职责，要按照相关规定，承担相应的法律责任。

（2）现阶段，我国公共体育服务合同外包的运作模式主要包括竞争模式、谈判模式和体制内外包模式三种，竞争模式是提高服务质量、提升生产效率、转变政府职能、深化公共体育服务改革的最佳模式。

（3）由于我国仍存在配套法律与政策不完善、合同外包范围有限、外包行为内部化、监管力度不足和绩效评价体系尚不成熟等问题，公共体育服务合同外包竞争模式在我国很难进一步进行普及性推广。

（4）为进一步推广竞争模式、规范谈判模式与体制内外包模式的运作，要尽快出台公共体育服务合同外包的相关法律与政策、完善公共体育服务相关政策法规体系、重视培育公共体育服务供方市场、建立公平合理的招投标机制、完善公共体育服务合同外包监管机制、加强公共体育服务合同外包绩效评价体系建设，这也是现阶段我国推动公共体育服务改革、转变政府职能、增加公共体育服务供给方式的必由之路。

（5）在公共体育服务合同外包中，政府承担着目标责任、决策责任、财政责任、监管责任、培养责任和担保责任等一系列责任。只有明确公共体育服务合同外包中政府的责任所在，政府才能履行其具体责任，推动公共体育服务合同外包事业健康发展。

（6）我国公共体育服务合同外包发展还处于初级阶段，其中政府责任仍存在较多问题，政府的目标责任发生偏移、公共体育服务合同外包运行机制不完善、对政府的问责机制缺失等问题，均阻碍着公共体育服务合同外包中政府责任的实现，其原因包括公共体育服务合同外包的法律制度不健全、政府角色定位不准确、政府公共体育服务合同外包能力不足等。

（7）通过对美国、英国、日本三国公共体育服务合同外包中政府责任实现机制的相关经验总结得出，三个国家均出台相关法律文件来规范公共体育服务合同外包相关主体的行为，并且政府部门也可以作为承接主体参与公共体育服务合同外包，能够有效保障其发展质量。

（8）构建公共体育服务合同外包中政府责任的实现机制成为规范政府责任的现实选择。一方面，采用合同治理和关系治理两种方式，建立公共体育服务合同外包中政府履行责任的实现机制；另一方面，从整个责任监控流程出发，将公共体育服务合同外包中政府责任监控过程划分为责任监督、责任考核和责任追究三个阶段，建立公共体育服务合同外包中政府监控责任的实现机制。

二、相关建议

（1）加强公共体育服务合同外包法律制度的顶层设计。中央层面应加快公共体育服务合同外包法律制度的顶层设计，尽快统一公共体育服务合同外包的购买目录、项目范围、价格标准、考核权重等方面的标准，实现依法治理公共体育服务合同外包，改善公共体育服务合同外包发展环境。地方政府须参考相关法律制度，结合当地公共体育服务发展现状制订公共体育服务合同外包发展计划。

（2）优化公共体育服务合同外包中政府的组织结构，实行政府权责清单制度，厘清政府和市场、政府和社会的关系。通过激励机制、信任机制和声誉机制构建公共体育服务合同外包中政府履行责任的实现机制。

（3）从政府责任监督、政府责任考核、政府责任追究三个方面来监控政府在公共体育服务合同外包中的履责情况，从外部规范公共体育服务合同外包中政府的责任。

（4）积极培育社会体育组织，形成充满竞争的公共体育服务合同外包市场，在公共体育服务供给中，社会力量更能成为巨大的贡献主体。可以通过资金补贴、政策优惠、定时对社会体育组织工作人员进行专业知识培训等多种方式扶持社会体育组织健康发展。

三、本书存在的不足及未来展望

（1）因相关数据的可获得性及笔者学术能力、理论水平有限，未收集到关于公共体育服务合同外包中政府对此工作的评估指标体系，也没能建立关于相关政府责任的评估考核体系，仅从理论层面提出了自己对相关概念的内涵和逻辑关系的解释，在实践层面，仅了解到苏州市政府购买公共体育服务的大概情况，并且只选取苏州市一个实践访谈地点作为本书的主要参考依据，得出的相关结论可能存在片面性，因此，在后续研究中将尽可能完善。

（2）由于受时间限制和疫情影响，针对苏州市公共体育服务合同外包的调查未能顺利全部开展、全面呈现。如有可能，笔者将会在条件允许的情况下尽力补充完整。

（3）在国外部分的研究中，因一手资料的收集有限和笔者英语翻译能力的不足，对美国、英国、日本三国公共体育服务合同外包中政府责任的分析并不全面，也有可能会存在相关专业名词翻译不准确的现象。

附录 A 访谈提纲

苏州市政府购买公共体育服务的整体情况

1. 政府购买公共体育服务的整个流程大致可以分为哪几个环节？
2. 哪些因素会影响公共体育服务的购买？

关于购买项目的财政问题

1. 每年购买公共体育服务的财政预算有多少？
2. 会有政府购买公共体育服务的专项资金吗？
3. 购买公共体育服务项目的资金一般是按批次结算还是最后一起结算？

关于承接主体的问题

1. 如何选择公共体育服务购买项目的承接主体？
2. 能参加公共体育服务购买项目承接的门槛有哪些？
3. 承接主体是以非营利组织为主还是以营利组织为主？
4. 在选择承接主体时，更注重承接主体的哪些方面？
5. 会考虑向外企购买吗？

关于购买方式的问题

1. 苏州市政府购买公共体育服务的方式有哪些？最常用的是哪一种？为什么？
2. 如何确定购买方式？
3. 会采用合同外包的方式购买公共体育服务吗？适用合同外包的标准有哪些？
4. 苏州市有哪些公共体育服务项目是适合合同外包的？

关于购买内容的问题

1. 2016—2018 年苏州市政府购买公共体育服务项目目录中增加了近 30 个新的项目，是如何确定新购买的公共体育服务项目，又是如何确定保留哪些公共体育服务的购买？（购买公共体育服务的内容）

2. 在确定购买项目时，是否会收集苏州市市民的服务需求？如果会，则是通过什么方式？

3. 苏州市政府购买的公共体育服务项目中有哪些项目是苏州市的特色项目？

关于公共体育服务合同外包的监管问题

1. 如何对公共体育服务合同外包进行监管？

2. 会对公共体育服务合同外包项目定期进行监管吗？监管的方式是什么？

3. 会计算公共体育服务合同外包项目的监管成本吗？您认为最难监管的公共体育服务合同外包项目是哪些？为什么？

4. 苏州市公共体育服务合同外包的监督主体有哪些？政府部门有哪些？是否有第三方监督？公民是否参与公共体育服务合同外包项目的监督？

5. 会对购买主体政府本身进行监管吗？谁来监管？如何监管？

关于公共体育服务合同外包的绩效考核问题

1. 当公共体育服务合同外包项目结束后，会对公共体育服务合同外包项目（服务质量和承接主体、政府本身）进行绩效考核吗？

2. 是否制定绩效考核标准或是有一套固定的考核范本？

3. 公共体育服务合同外包的绩效考核指标有哪些？权重顺序是怎样的？

附录 B 2016—2019 年苏州市政府购买公共体育服务项目目录

2016 年苏州市政府购买公共体育服务项目目录

项目类别	拟购买项目名称	购买要求
赛事活动类（37 项）	1. 苏州市足球业余联赛	300 人（不少于 30 支队伍）、5 家媒体报道、现场满意度调查等
	2. 苏州市篮协杯甲乙级联赛	450 人（不少于 30 支队伍）、5 家媒体报道、现场满意度调查等
	3. 苏州市首届民间篮球联赛	400 人（不少于 40 支队伍）、5 家媒体报道、现场满意度调查等
	4. 苏州市家庭乒乓球赛	500 人、5 家媒体报道、现场满意度调查等
	5. 苏州市第十三届网球团体赛	300 人、5 家媒体报道、现场满意度调查等
	6. 苏州市业余拳击联赛	50 名拳手、25 场比赛、5 家媒体报道、现场满意度调查等
	7. 苏州市老年人重阳登高活动	1 500 人、5 家媒体报道、现场满意度调查等
	8. 苏州市健身秧歌比赛	200 人、5 家媒体报道、现场满意度调查等
	9. 苏州市大中小学生健美操比赛	1 500 人、5 家媒体报道、现场满意度调查等
	10. 苏州市元旦登高活动	2 000 人、5 家媒体报道、现场满意度调查等
	11. 苏州市首届航空四轴机穿越赛	200 人、5 家媒体报道、现场满意度调查等

附录 B　2016—2019 年苏州市政府购买公共体育服务项目目录

续表

项目类别	拟购买项目名称	购买要求
赛事活动类（37 项）	12. 苏州市信鸽特比环比赛	600 名选手（2 500 羽信鸽）、5 家媒体报道、现场满意度调查等
	13. 苏州市第二届攀岩户外嘉年华活动	1 500 人、5 家媒体报道、现场满意度调查等
	14. 苏州市体育舞蹈节团体赛	2 000 人、5 家媒体报道、现场满意度调查等
	15. 苏州市大众跆拳道比赛	800 人、5 家媒体报道、现场满意度调查等
	16. 苏州市第十三届羽毛球公开赛	300 人、5 家媒体报道、现场满意度调查等
	17. 苏州市游泳俱乐部联赛（10 站）	2 000 人、5 家媒体报道、现场满意度调查等
	18. 苏州市围棋团体联赛暨围棋棋王赛	300 人、5 家媒体报道、现场满意度调查等
	19. 苏州市卡丁车联赛	1 000 人、5 家媒体报道、现场满意度调查等
	20. 苏州市汽车摩托车越野邀请赛	200 人、5 家媒体报道、现场满意度调查等
	21. 苏州市第七届武林大会	2 000 人、5 家媒体报道、现场满意度调查等
	22. 苏州市桥牌邀请赛	300 人、5 家媒体报道、现场满意度调查等
	23. 苏州市第十三届轮滑赛	600 人、5 家媒体报道、现场满意度调查等
	24. 苏州市台球公开赛（美式台球）	200 人、5 家媒体报道、现场满意度调查等
	25. 苏州市高尔夫球队锦标赛	600 人、32 支队伍、5 家媒体报道、现场满意度调查等
	26. 苏州市电子竞技大赛（10 站）	3 000 人、5 家媒体报道、现场满意度调查等
	27. 苏州市路跑联赛——环湖（河）健身跑分站赛（8 站）	5 000 人、5 家媒体报道、现场满意度调查等

续表

项目类别	拟购买项目名称	购买要求
赛事活动类（37项）	28. 苏州最美校园跑（名城名校活动）	2 000人、5家媒体报道、现场满意度调查等
	29. 苏州市城市定向联赛（4站）	3 000人、5家媒体报道、现场满意度调查等
	30. 苏州市美丽乡村欢乐跑活动（6站）	5 000人、5家媒体报道、现场满意度调查等
	31. 苏州市路跑联赛总决赛	3 000人、5家媒体报道、现场满意度调查等
	32. 苏州市环太湖自行车嘉年华活动	800人、5家媒体报道、现场满意度调查等
	33. 苏州灵白线等登山户外线路净山环保系列活动（4条线路）	2 000人、5家媒体报道、现场满意度调查等
	34. 苏州市风筝节活动	400人、5家媒体报道、现场满意度调查等
	35. 苏州市钓鱼联赛	200人、5家媒体报道、现场满意度调查等
	36. 苏州市门球联赛（3站）	1 100人、5家媒体报道、现场满意度调查等
	37. 苏州市冬泳邀请赛	300人、30支队伍、5家媒体报道、现场满意度调查等
组织平台类（2项）	38. 苏州市属协会俱乐部在线会员发展	全年完成50 000名会员在线注册
	39. 市级协会俱乐部个人会员服务平台和赛事报名交费管理平台	50 000人在线会员注册+100项赛事报名等后台维护和保障
培训保障类（4项）	40. 户外运动进校园活动	1 000人，不少于2所学校
	41. 赛事活动安全工作志愿者招募及培训	全年1 000人，日常培训不少于3次，并与市志愿者协会数据库对接
	42. 赛事活动安全保障	全年50项次赛事活动保障，自行组织，自带装备
	43. 户外安全急救知识培训	540人，共12期

附录 B　2016—2019 年苏州市政府购买公共体育服务项目目录

续表

项目类别	拟购买项目名称	购买要求
信息宣传类（2项）	44. 苏州电视台三套教育频道《体育发现——社团风采周周看》	全年共 52 期，每周 1 期
	45. 姑苏晚报《天天运动》专版	全年共 52 期，每周 1 期
健身综合类（2项）	46. 全民健身系列大课堂	为大课堂授课点的市民提供免费的健身技能指导服务。11 个授课点：体育中心（体育馆平台）、体育中心（外场）、市政府（机关大院）、相门城墙、桂花公园东北侧、桐泾公园茶室前、玄妙观、平江新城体育中心（广济北路和平泷路交叉口）、市政府（三香路门口）、运河公园（南大门广场）、五卅路体育场
	47. 全民健身"三进"活动	为提出需求的市级机关、企事业单位工作人员和城乡社区居民提供免费的健身指导服务、体质监测服务，并定期举办健身知识讲座

2017年苏州市政府购买公共体育服务项目目录

项目类别	项目名称	购买要求	拟购买金额（万元）	活动时间	购买方式
赛事活动类（49项）	1. 苏州市首届八人制足球联赛	决赛20支队伍	10	4—11月	自主采购
	2. 苏州市首届五人制足球联赛	500人	10	全年开展	自主采购
	3. 苏州市篮球甲乙级联赛	30支队伍	13	4—7月	自主采购
	4. 苏州市第二届民间篮球联赛	30支队伍	12	2月开始	自主采购
	5. 苏州市皮划艇联赛	1 000人	14	11月	自主采购
	6. 苏州市游泳俱乐部联赛	2 000人	10	全年开展	自主采购
	7. 苏州市第二届卡丁车联赛	1 000人	10	9月	自主采购
	8. 苏州市斯诺克台球联赛	200人	10	3—10月	自主采购
	9. 苏州市电子竞技联赛	3 000人	14	全年开展	自主采购
	10. 苏州市路跑联赛分站赛	5 000人	14	1—9月	自主采购
	11. 苏州市城市定向联赛	3 000人	14	5—12月	自主采购
	12. 苏州市徒步健走联赛	5 000人	14	全年开展	自主采购
	13. 苏州市钓鱼联赛	200人/场，7场	14	全年开展	自主采购

续表

项目类别	项目名称	购买要求	拟购买金额（万元）	活动时间	购买方式
赛事活动类(49项)	14. 苏州市门球联赛	1 100人	5	5—9月	自主采购
	15. 苏州市篮协杯篮球赛	20支队伍	8	11月	自主采购
	16. 苏州市第二届足协杯赛	1 000人	14	3—6月	自主采购
	17. 苏州姑苏晚报杯青少年足球赛	100支队伍	10	7—9月	自主采购
	18. 第五届中日韩中老年网球比赛	60人	5	5月	自主采购
	19. 苏州市路跑联赛总决赛	2 000人	14	10月	自主采购
	20. 苏州网球俱乐部邀请赛	240人，12支队伍	5	4—5月	自主采购
	21. 苏州市老年人重阳登高活动	1 500人	6	10月	自主采购
	22. 苏州市中老年人气排球比赛	500人	8	3月	自主采购
	23. 苏州市第十六届健美比赛	200人	3	4—6月	自主采购
	24. 苏州市元旦登高活动	3 000人	10	1月1日	自主采购
	25. 苏州市青少年体育科技模型大奖赛	1 000人	8	4月	自主采购

续表

项目类别	项目名称	购买要求	拟购买金额（万元）	活动时间	购买方式
赛事活动类（49项）	26. 苏州市信鸽特比环比赛	600人（2 000羽信鸽）	10	9月	自主采购
	27. 苏州市第三届攀岩户外嘉年华	1 500人	10	8月	自主采购
	28. 苏州市体育舞蹈节	2 000人	10	4—9月	自主采购
	29. 苏州市大众跆拳道比赛	800人	14	10月	自主采购
	30. 苏州市第十四届羽毛球公开赛	300人	8	7月	自主采购
	31. 苏州市围棋团体联赛暨围棋棋王赛	500人	12	全年开展	自主采购
	32. 苏州市象棋棋王赛	180人（连通省、国家赛）	8	7—9月	自主采购
	33. 苏州市第八届武林大会	2 000人	7	9月	自主采购
	34. 苏州市第六届武术名人名家演武大会	50人	5	7月	自主采购
	35. 苏州市桥牌冠军赛	300人	14	10月	自主采购
	36. 苏州市第十四届轮滑赛	700人	5	6—7月	自主采购
	37. 苏州市高尔夫球业余冠军赛（个人赛）	400人	10	9月	自主采购

附录 B　2016—2019 年苏州市政府购买公共体育服务项目目录

续表

项目 类别	项目名称	购买要求	拟购 买金额 (万元)	活动 时间	购买方式
赛事 活动类 (49 项)	38. 苏州市高尔夫球队锦标赛（团体赛）	600 人	14	6 月开始	自主采购
	39. 苏州最美校园跑（名城名校活动）	2 000 人	14	10 月	自主采购
	40. 苏州市美丽乡村健康行	3 000 人	10	全年开展	自主采购
	41. 苏州市第五届环太湖自行车赛	900 人	10	10 月 12 日	自主采购
	42. 苏州登山户外线路净山环保系列活动	2 000 人	8	全年开展	自主采购
	43. 苏州市第十二届风筝节活动	400 人	5	4 月	自主采购
	44. 苏州市冬泳邀请赛	300 人，30 支队伍	5	12 月	自主采购
	45. 苏州公益骑行系列活动	300 人	5	全年开展	自主采购
	46. 第四届国际剑道公开赛（苏州站）	500 人	10	11 月	自主采购
	47. 苏州市龙舟团体赛	10 支以上队伍	10	5—6 月	自主采购
	48. 苏州市瑜伽展示大会	1 000 人以上	8	下半年	自主采购
	49. 苏州市广场健身舞大赛	1 500 人	14	5—10 月	自主采购

续表

项目类别	项目名称	购买要求	拟购买金额（万元）	活动时间	购买方式
组织平台类（2项）	50. 苏州市属协会俱乐部在线会员发展	全年会员在线注册	10	全年开展	自主采购
	51. 苏体通一站式服务平台使用与日常运营维护服务费	平台使用与后台维护和保障	50	全年开展	公开招标
培训保障类（4项）	52. 户外运动进校园活动	1 000人，不少于2所学校	13	全年开展	自主采购
	53. 赛事活动安全工作志愿者招募及培训	1 000人以上	14	全年开展	自主采购
	54. 赛事活动安全保障	全年50项次赛事活动保障，自带装备	30	全年开展	定向委托
	55. 户外安全急救知识培训	60人/期，共12期	8	全年开展	自主采购
信息宣传类（4项）	56. 苏州电视台三套教育频道《体育发现》	全年共50期，每周1期	20	全年开展	定向委托
	57. 姑苏晚报《天天运动》专版	全年共50期，每周1期	20	全年开展	定向委托
	58. 苏州体育新媒体宣传及推广	微视频、微直播、图文推送等推广活动	14	全年开展	自主采购
	59. 苏州日报系列评论专版	全年12期	20	全年开展	定向委托
合计总金额			680		

附录 B　2016—2019 年苏州市政府购买公共体育服务项目目录

2018 年苏州市政府购买公共体育服务项目目录

序号	类别	项目	内容	拟举办单位
1	赛事活动	足球	苏州市业余足球俱乐部锦标赛	苏州市足球协会
2		足球	苏州市第二届五人制足球联赛	苏州市苏超足球俱乐部
3		篮球	苏州市篮球甲乙级联赛	苏州市篮球协会
4		篮球	苏州"篮协杯"篮球赛	苏州市篮球协会
5		篮球	苏州市民间篮球联赛	苏州市天狼星篮球运动俱乐部
6		皮划艇	苏州市皮划艇联赛	苏州市皮划艇桨板协会
7		皮划艇	亲子系列活动皮划艇赛	苏州市皮划艇桨板协会
8		游泳	苏州市游泳俱乐部联赛	苏州市游泳协会
9		游泳	苏州市第二十六届冬泳赛	苏州市冬泳协会
10		卡丁车	苏州市第三届卡丁车联赛	苏州市乐尚卡丁车俱乐部
11		卡丁车	苏州市卡丁车街道赛	苏州市乐尚卡丁车俱乐部
12		台球	苏州市黑8台球联赛	苏州嘉亿台球俱乐部
13		电子竞技	苏州市电子竞技联赛	苏州市电子竞技运动协会
14		跑步	苏州最美校园跑（名城名校活动）	苏州大学
15		跑步	亲子系列活动亲子跑步活动	苏州市众奥路跑运动俱乐部
16		定向	苏州市城市定向联赛	苏州涉无垠户外运动俱乐部
17		徒步	苏州市徒步健走联赛	苏州乐途体育文化发展有限公司
18		徒步	苏州市美丽乡村健康行	苏州原色户外运动服务有限公司

续表

序号	类别	项目	内容	拟举办单位
19	赛事活动	钓鱼	苏州市钓鱼联赛	苏州市钓鱼协会
20			苏州钓鱼俱乐部团体赛	
21		门球	苏州市门球联赛	苏州市门球协会
22		棋类	苏州市围棋团体联赛暨围棋棋王赛	苏州市棋类协会
23			苏州市象棋棋王赛	
24		攀岩	苏州市攀岩联赛	苏州市刘常忠攀岩运动俱乐部
25			苏州市第四届攀岩户外嘉年华	
26		羽毛球	苏州市羽毛球业余联赛	苏州市羽毛球协会
27			苏州市第15届羽毛球公开赛	
28		帆船	苏州市帆船联赛	苏州市帆船帆板运动协会
29		气排球	苏州市气排球联赛	苏州市排球运动协会
30		击剑	苏州市击剑联赛	苏州市佐罗击剑俱乐部
31		网球	苏州城市俱乐部网球赛	苏州市金鸡湖网球俱乐部
32		老年体育	苏州市老年人智力体育运动会	苏州市老年人体育协会
33			苏州市老年人小球系列比赛	
34			苏州市老年人群众体育项目比赛	
35			苏州市重阳登高活动	
36		健美	苏州市第十七届健美比赛	苏州市健身健美运动协会
37		登山户外	全国新年登高健身大会暨苏州市第四届元旦登高节	苏州市登山户外运动协会
38			环护城河环保系列活动	
39			登山护林环保宣讲系列活动（灵岩山——树山）	苏州市开心健康户外运动俱乐部

附录 B　2016—2019 年苏州市政府购买公共体育服务项目目录

续表

序号	类别	项目	内容	拟举办单位
40	赛事活动	航空模型	航空运动嘉年华	苏州市爱上飞行俱乐部
41		信鸽	苏州"好鸽子"杯秋季信鸽三关赛	苏州市信鸽协会
42		体育舞蹈	苏州市体育舞蹈节	苏州市体育舞蹈运动协会
43		跆拳道	苏州市大众跆拳道比赛	苏州市跆拳道协会
44		武术	苏州市第九届武林大会	苏州市武术协会
45			苏州市第七届武术名人名家演武大会	
46		牌类	苏州市桥牌冠军赛	苏州市桥牌协会
47		轮滑	苏州市第十五届轮滑赛	苏州市轮滑运动协会
48		高尔夫球	苏州市高尔夫球业余冠军赛（个人赛）	苏州市高尔夫球协会
49			苏州市高尔夫球队锦标赛（团体赛）	
50		风筝	苏州市第十三届风筝节活动	苏州市风筝协会
51		自行车	苏州公益骑行系列活动	苏州江南骑游队
52			"骑乐无穷"骑行苏州系列活动	苏州巷生活文化旅游发展有限公司
53			亲子系列活动亲子幼儿童车赛	苏州市自行车运动协会
54		剑道	第五届苏州国际剑道赛	苏州竹园剑道俱乐部
55		龙舟	苏州市龙舟团体赛	苏州市龙舟协会
56		瑜伽	苏州市瑜伽展示大会	苏州市瑜伽运动协会
57			"瑜悦身心"全市瑜伽马拉松赛	
58		广场舞	苏州市广场舞大赛	苏州市广场健身舞运动协会

续表

序号	类别	项目	内容	拟举办单位
59	赛事活动	乒乓球	苏州市乒乓球球王赛	苏州市乒乓球协会
60		柔道	苏州市少儿柔道赛	苏州市一本柔道运动俱乐部
61		橄榄球	苏州市腰旗橄榄球赛	苏州市蓝骑士美式橄榄球俱乐部
62		马术	亲子系列活动马术赛	苏州英伦骑士马术运动俱乐部
63		无线电运动	苏州市定向越野锦标赛	苏州市无线电和定向运动协会
64			亲子公园定向系列赛	苏州市小鹿定向运动俱乐部
65	组织发展	项目普及	户外安全普及和急救知识培训	苏州市登山户外运动协会
66	保障服务	赛事服务	赛事活动安全工作志愿者招募及培训	苏州青年应急救援志愿服务总队
				苏州蓝天救援队
67			赛事活动安全保障	苏州绿舟应急队
68		新闻宣传	苏州电视台三套教育频道《体育发现》	苏州电视台三套
69			姑苏晚报《天天运动》专版	姑苏晚报
70			苏州体育新媒体宣传及推广	苏州市体育新闻学会
71			苏州日报系列评论专版	苏州日报
72			江苏动视《精彩体育》	江苏动视
73			苏州新闻综合广播《苏州体育》	苏州广电新闻综合广播
74	项目评估	项目评估	政府购买公共体育服务项目效果评估	苏州立信会计师事务所有限公司

附录 B 2016—2019 年苏州市政府购买公共体育服务项目目录

2019 年度政府购买公共体育服务项目预算（苏州市大众体育联赛经费预算）

序号	类别	项目	赛事名称	购买金额（万元）	活动时间	拟举办单位	备注
1	项目联赛	足球	苏州市足球联赛	20	2019.5—2020.4	待确定	
2		篮球	苏州市篮球联赛	20	2019.5—2020.4	待确定	
3		气排球	苏州市气排球联赛	20	2019.5—2020.4	待确定	
4		高尔夫球	苏州市高尔夫球联赛（球队锦标赛）	20	2019.5—2020.4	待确定	竞争性磋商
5		广场舞	苏州市广场舞联赛	20	2019.5—2020.4	待确定	
6		羽毛球	苏州市羽毛球联赛	20	2019.5—2020.4	待确定	
7		击剑	苏州市击剑联赛	20	2019.5—2020.4	待确定	
8		皮划艇	苏州市皮划艇联赛	20	2019.5—2020.4	待确定	
9		游泳	苏州市游泳联赛	20	2019.5—2020.4	待确定	
10		攀岩	苏州市攀岩联赛	20	2019.5—2020.4	待确定	
11		路跑	苏州市路跑联赛	20	2019.5—2020.4	待确定	
12		钓鱼	苏州市钓鱼联赛	20	2019.5—2020.4	待确定	
13		龙舟	苏州市龙舟联赛	20	2019.5—2020.4	待确定	
小计				260			

续表

序号	类别	项目	赛事名称	购买金额（万元）	活动时间	拟举办单位	备注
1	综合性特色体育活动	综合	苏州市老年人体育节	30	2019.5—2020.4	待确定	
2		综合	苏州市水上运动会	30	2019.5—2020.4	待确定	
3		综合	苏州市亲子嘉年华	30	2019.5—2020.4	待确定	竞争性磋商
4		综合	苏州市航空模型四季赛	30	2019.5—2020.4	待确定	
5		综合	苏州市名城名校系列活动	30	2019.5—2020.4	待确定	
小计				150			

序号	类别	项目	赛事名称	购买金额（万元）	活动时间	拟举办单位	备注
1	系列赛	乒乓球	苏州市乒乓球砂板大奖赛系列赛	待定	2019.5—2019.9	苏州市乒乓球协会	绩效评估后确定等级和金额
2			2019年爱乒才会赢苏州乒乓球王赛	待定	2019.10	苏州市乒乓球协会	
3		足球（五人制、八人制）	苏州市第三届五人制足球联赛	待定	2019.3—2019.5	苏州市苏超足球俱乐部	
4			苏州市姑苏晚报杯青少年足球赛	待定	2019.7—2019.8	苏州报业广告公司	
5			苏州市业余足球俱乐部联赛	待定	2019.5—2019.12	苏州市足球协会	

附录B 2016—2019年苏州市政府购买公共体育服务项目目录

续表

序号	类别	项目	赛事名称	购买金额（万元）	活动时间	拟举办单位	备注
6		篮球（排名赛）	苏州市篮协杯篮球赛	待定	2019.10	苏州市篮球协会	
7			苏州市三对三篮球联赛	待定	2019.4	苏州市篮球协会	
8			2019苏州第三届卓越高校校友篮球赛	待定	2019.10—2019.12	苏州市东南大学校友会	
9			苏州市篮球冠军赛	待定	2020.1	苏州市天狼星篮球运动俱乐部	
10			苏州市第四届民间篮球联赛	待定	2019.6—2019.8	苏州市天狼星篮球运动俱乐部	
11	系列赛	高尔夫球（排名赛）	2019年苏州高尔夫球业余冠军赛	待定	2019.10—2019.11	苏州市高尔夫球协会	绩效评估等后确定金额级和金额
12		棋类	2020年苏州市围棋棋王赛	待定	2020.1.1	苏州市棋类协会	
13			全国象棋业余棋王赛江苏赛区苏州分站赛	待定	2019年三季度	苏州市棋类协会	
14		空手道	苏州市空手道系列锦标赛	待定	2019.5—2020.4	苏州市空手道协会	
15		冰雪运动	苏州市室内滑雪竞赛	待定	2019.7—2019.8	苏州市峰玩家滑雪运动俱乐部	

续表

序号	类别	项目	赛事名称	购买金额（万元）	活动时间	拟举办单位	备注
16	扑克运动	扑克运动	"江南之春"桥牌赛	待定	2020.3	苏州市桥牌协会	绩效评估后确定等级和金额
17			苏州市掼蛋大赛	待定	2019.6	苏州市扑克运动协会	
18			苏州市"掼王"杯掼蛋比赛	待定	2019.11	苏州市扑克运动协会	
19	网球		苏州市第二届网球联赛	待定	2019.5—2020.4	苏州市网球运动协会	
20			苏州城市俱乐部网球邀请赛	待定	2019.4.20	苏州市金鸡湖网球俱乐部	
21	健身健美		苏州市第十七届健美比赛	待定	2019.6	苏州市健身健美运动协会	
22	系列赛		苏州市crossfit联赛	待定	2019.5—2019.9	苏州锋云体育服务有限公司	
23	登山户外		2020全国新年登高健身大会暨苏州市第六届元旦登高节	待定	2020.1.1	苏州市登山户外运动协会	
24			苏州环环护城河登山户外运动环保系列活动	待定	2019.5—2020.4	苏州市登山户外运动协会	
25			苏州市亲子露营登山节	待定	2019.5—2019.10	苏州驴先生体育服务中心	
26			登山护林环保系列宣传活动	待定	2019.5—2020.4	苏州市开心健康户外运动俱乐部	

续表

序号	类别	项目	赛事名称	购买金额（万元）	活动时间	拟举办单位	备注
27		徒步	苏州市徒步健走联赛	待定	2019.5—2020.3	苏州乐途体育文化发展有限公司	绩效评估后确定等级和金额
28			苏州美丽乡村健康行	待定	2019.4—2019.5	苏州原色户外运动服务有限公司	
29		航空运动	航空运动嘉年华	待定	2019.10	苏州市爱上飞行俱乐部	
30		模型运动	2019苏州航空模型国际大奖赛	待定	2019.10	苏州市航空运动和模型运动协会	
31	系列赛	信鸽	苏州"好鸽子"杯秋季三关赛	待定	2019.11	苏州市信鸽协会	
32		体育舞蹈	苏州市首届舞出精彩体育舞蹈大赛	待定	2019.5	苏州市体育舞蹈运动协会	
33			2019苏州市第四届万人体育舞蹈节	待定	2019.4—2019.8	苏州市体育舞蹈运动协会	
34		跆拳道	2019年苏州市大众跆拳道锦标赛	待定	2019.11	苏州市跆拳道协会	
35			2019苏州市跆拳道俱乐部交流赛	待定	2019.6	中苏东旭文化艺术发展（江苏）有限公司	

续表

序号	类别	项目	赛事名称	购买金额（万元）	活动时间	拟举办单位	备注
36		武术	苏州市第十届武林大会	待定	2019.9	苏州市武术协会	
37			苏州市第八届武术名人名家演武大会	待定	2019.7	苏州市武术协会	
38		田径	7·1党建日10公里路跑赛	待定	2019.7	苏州市田径运动协会	
39			公益乐跑暨苏州跑团接力赛	待定	2019.11	苏州市田径运动协会	
40		轮滑	2019年苏州市趣味轮滑比赛	待定	2019.10	苏州市轮滑运动协会	
41	系列赛		苏州市第16届轮滑比赛暨苏州市第三届俱乐部轮滑赛	待定	2019.5	苏州风火轮轮滑俱乐部	绩效评估后确定等级和金额
42			2019苏州市少儿轮滑城市联赛	待定	2019.3—2019.10	苏州市轮滑运动协会	
43		台球	苏州市中式八球台球联赛	待定	2019.5—2019.12	苏州嘉亿台球俱乐部	
44		风筝	2019年第十四届苏州市国际风筝节	待定	2019.4	苏州市风筝协会	
45		自行车	2019年"骑乐无穷"骑行苏州	待定	2019.5—2019.10	苏州巷生活文化旅游发展有限公司	
46			六一童车赛	待定	2019.6	苏州市自行车运动协会	
47			绿色骑行系列活动	待定	2019.5—2020.4	苏州市江南骑游队	

附录 B　2016—2019 年苏州市政府购买公共体育服务项目目录

续表

序号	类别	项目	赛事名称	购买金额（万元）	活动时间	拟举办单位	备注
48		剑道	第六届苏州国际剑道赛	待定	2019.10	苏州竹园剑道俱乐部	绩效评估后确定等级和金额
49		健身瑜伽	健身瑜伽健康行	待定	2019.5—2019.11	苏州市瑜伽运动协会	
50		柔道	2019 苏州市少儿柔之行柔道表演大赛	待定	2019.10	苏州市一本柔道运动俱乐部	
51		橄榄球	苏州市橄榄球系列邀请赛	待定	2019.5—2019.12	苏州市蓝骑士美式橄榄球俱乐部	
52		马术	2019 马术嘉年华趣味推广赛	待定	2019.4—2019.12	苏州英伦骑士马术运动俱乐部	
53	系列赛	无线电	2019 年苏州市定向锦标赛	待定	2019 年三季度	苏州市无线电和定向运动协会	
54		电子竞技	苏州市电子竞技冠军赛	待定	2019.5—2019.7	苏州市电子竞技运动协会	
55		城市定向	苏州市城市定向赛	待定	2019.5	苏州涉无艰户外运动俱乐部	
56			2019 苏州城市公园定向越野挑战赛	待定	2019.5—2019.10	苏州市小鹿定向运动俱乐部	
57		门球	苏州市门球联赛	待定	2019.4—2019.6 2019.9 2019.12	苏州市门球协会	

续表

序号	类别	项目	赛事名称	购买金额（万元）	活动时间	拟举办单位	备注
58		帆船	2019苏州市帆船联赛	待定	2019.5—2019.11	苏州市帆船帆板运动协会	绩效评估后确定等级和金额
59			中国家庭帆船赛暨苏州船节	待定	2019.6或2019.10	苏州市帆船帆板运动协会	
60		汽车摩托车	2019年苏州—霍尔果斯摩托车集结赛	待定	2019.5.8	苏州汽车摩托车运动协会	
61		卡丁车	中国城市卡丁车街道赛	待定	2019.11	苏州市乐尚卡丁车俱乐部	
62	系列赛	保龄球	2019年苏州市大众保龄球锦标赛	待定	2019.10	苏州市保龄球运动协会	
63		冬泳	2020年全民健身庆元旦暨"冬协杯"苏州市第二十八届冬泳表演赛	待定	2020.1.1	苏州市冬泳协会	
64			2019"7.16全民游泳健身周"苏州站	待定	2019.7.16	苏州市冬泳协会	
65		桨板	2019苏州市桨板联赛	待定	2019.4—2019.10	苏州市皮划艇桨板协会	

附录 B 2016—2019 年苏州市政府购买公共体育服务项目目录

续表

序号	类别	项目	赛事名称	购买金额（万元）	活动时间	拟举办单位	备注
66	系列赛	表演比赛	迎国庆70周年柔力球比赛	待定	2019.9	苏州市老年人体育协会	绩效评估后确定等级和金额
67	系列赛	表演比赛	苏州市老年体育大学年终表演比赛	待定	2019.12	苏州市老年体育大学	
68	系列赛	表演比赛	2019年全国百城千村健身气功交流展示系列活动苏州站	待定	2019.6	苏州市健身气功协会	
小计				450			

序号	类别	项目	赛事名称	购买金额（万元）	活动时间	拟举办单位	备注
1	保障服务	赛事服务	赛事活动安全保障	20	2019.5—2020.4	苏州青年应急救援志愿服务总队苏州蓝天救援队	
2	保障服务	新闻宣传	苏州电视台三套教育频道《体育发现》	20	2019.5—2020.4	苏州电视台三套	
3	保障服务	新闻宣传	姑苏晚报《天天运动》专版	20	2019.5—2020.4	姑苏晚报	
4	保障服务	新闻宣传	体育新闻记者体育社会组织采风活动	13	2019.5—2020.4	苏州市体育新闻学会	

续表

序号	类别	项目	赛事名称	购买金额（万元）	活动时间	拟举办单位	备注
5	保障服务	新闻宣传	苏州日报系列评论专版	12	2019.5—2020.4	苏州日报	
6			苏州新闻综合广播《苏州体育》	20	2019.5—2020.4	苏州广电新闻综合广播	
7		项目绩效评估	政府购买公共体育服务项目（赛事部分）绩效评估	35	2019.5—2020.4	政府采购	
			小计	140			
			总计	1 000			

参考文献

[1] 程翀. 从十九大报告中新时代社会主要矛盾论断探析我国体育公共服务供给侧改革[J]. 南京体育学院学报（社会科学版），2017，31（05）：30-34.

[2] 李丹萍. 政府公共服务外包合同中的政府责任及其实现机制[J]. 南海法学，2018，2（05）：96-103.

[3] SAVAS E S. Privatization and public-private partnerships[M]. New York：Chatham House Publishers，2000.

[4] ALLEN S, CHANDRASHEKAR A. Outsourcing services：the contract is just the beginning[J]. Business Horizons，2000，43（02）：25-34.

[5] FRIPP N. Contracting for change and innovation[M]. London：The CSIP Commission，2007.

[6] HUNT M. Constitutionalism and contractualisation of government in the United Kingdom[M]//TAGGART M. The province of administrative law. Oxford：Hart Publishing，1997.

[7] 崔瑶. 论政府公共服务外包合同的行政法规制[D]. 太原：山西财经大学，2016.

[8] 杨中皖. 德国政府购买体育公共服务的原则、经验及借鉴[J]. 西安体育学院学报，2019，36（06）：641-647.

[9] 李屹松. 澳大利亚政府购买体育培训服务的经验与启示[J]. 北京体育大学学报，2018，41（01）：34-42.

[10] 王雁红. 公共服务合同外包：理论逻辑、现实动因及争议[J]. 中共福建省委党校学报，2014（10）：56-63.

[11] 邓睾. 论法治视野下政府公共服务外包的理论源流[J]. 陕西行政学院学报，2016，30（01）：20-23.

[12] 杨欣. 公共服务合同外包中的政府责任研究[M]. 北京：光明日报出版社, 2012.

[13] 蓝剑平, 詹国彬. 公共服务合同外包中的交易成本及其治理[J]. 东南学术, 2016 (01)：128-136.

[14] 朱海香. 我国公共服务合同外包存在的问题及对策研究[D]. 济南：山东大学, 2014.

[15] 王凌燕. 我国政府公共服务外包存在的问题及其法律规制[J]. 西南科技大学学报（哲学社会科学版）, 2013, 30 (05)：20-26.

[16] 孙玉龙. 政府公共服务合同外包存在的问题与对策研究[D]. 沈阳：沈阳师范大学, 2017.

[17] 秦运瑞. 政府购买公共服务法律问题研究[D]. 北京：北方工业大学, 2014.

[18] 谭朴珍. 政府购买公共服务的行政法治化研究[D]. 上海：华东政法大学, 2014.

[19] 赵月星. 政府购买服务后的监管责任[D]. 郑州：郑州大学, 2018.

[20] 韩清颖, 孙涛. 政府购买公共服务有效性及其影响因素研究：基于153个政府购买公共服务案例的探索[J]. 公共管理学报, 2019, 16 (03)：62-72, 171.

[21] 匡婷. 我国公共服务外包中政府角色研究[D]. 南昌：南昌大学, 2018.

[22] 彭潽皓. 我国公共服务合同外包中政府责任缺失问题研究：基于委托-代理理论视角的分析[D]. 上海：上海交通大学, 2014.

[23] 麻翠翠. 善治视角下公共服务外包中政府责任研究[D]. 长春：吉林大学, 2016.

[24] 王浦劬. 基于"创新、协调、共享"发展价值的理论思考：评《建设服务型政府与完善地方公共服务体系研究》[J]. 上海行政学院学报, 2016, 17 (02)：34-37.

[25] 丛湖平, 卢伟. 政府购买公共体育服务的模式、问题及建议：基于苏、浙、沪、粤等省市的调研[J]. 体育科学, 2016, 36 (12)：11-17.

[26] 冯欣欣. 政府购买公共体育服务的模式研究[J]. 体育与科学,

2014，35（05）：44-48，71.

［27］汪波．政府购买公共体育服务：国际经验与我国推进路径［J］．上海体育学院学报，2014，38（06）：25-30.

［28］朱毅然．发达国家政府购买公共体育服务的经验及启示［J］．天津体育学院学报，2014，29（04）：290-295.

［29］王占坤，吴兰花，张现成．地方政府购买公共体育服务的成效、困境及化解对策［J］．天津体育学院学报，2014，29（05）：409-414.

［30］张大超，杨娟．我国政府购买公共体育服务的现实困境和发展对策［J］．体育科学，2017，37（09）：3-15，27.

［31］蒋宏宇，李理．公共体育服务多元供给中的政府责任及其实现路径［J］．湖南科技大学学报（社会科学版），2018，21（04）：165-171.

［32］郑美艳，孙海燕．公共体育场馆服务外包运营的困境与治理路径［J］．体育文化导刊，2015（05）：143-146.

［33］郑美艳，王正伦．我国公共体育场馆服务外包项目多元监管模式发展研究［J］．中国体育科技，2016，52（02）：25-30.

［34］郑美艳，王正伦，孙海燕．公共体育场馆服务外包综合质量评价体系的构建［J］．体育学刊，2016，23（01）：72-75.

［35］邓金兰．政府选择公共体育场馆服务外包承接商的决策机制研究［J］．当代体育科技，2017，7（07）：163-164.

［36］张腾．大型公共体育场馆服务外包风险与控制机制研究：基于发包方的视角［D］．宁波：宁波大学，2012.

［37］陆亨伯，张腾，黄辰雨，等．公共体育场馆服务外包风险识别与规避机制研究［J］．北京体育大学学报，2014，37（10）：26-31.

［38］王凯．我国公共体育赛事的服务外包研究［J］．体育学刊，2017，24（03）：61-66.

［39］王亚坤，武传玺．我国群众体育赛事服务外包研究［J］．体育文化导刊，2018（08）：54-58.

［40］杨敏．社区体育公共设施管理服务外包理论研究［J］．少林与太极（中州体育），2012（12）：38-41.

［41］张雨濛．我国体育企业参与社区体育服务的路径研究［D］．北京：北京体育大学，2016.

［42］张慧方．政府购买社会体育指导员服务的研究［D］．南昌：南昌航空大学，2018．

［43］张富．厦门市公共体育服务合同外包的规制研究［D］．厦门：厦门大学，2017．

［44］陈斌，韩会君．公共体育服务外包的政府责任及实现机制论析［J］．天津体育学院学报，2014，29（05）：404-408，438．

［45］陈斌，韩会君．公共体育服务外包的政府角色及责任剖析［Z］∥中国体育科学学会．第五届中国体育博士高层论坛论文集．成都：中国体育科学学会，2014．

［46］王浦劬，萨拉蒙，艾里什，等．政府向社会组织购买公共服务研究：中国与全球经验分析［M］．北京：北京大学出版社，2010．

［47］王静宜，刘璐．国内外公共体育服务概念内涵的比较与启示［J］．云南行政学院学报，2016，18（05）：144-147．

［48］刘艳丽，苗大培．社会资本与社区体育公共服务［J］．体育学刊，2005（03）：126-128．

［49］肖林鹏，李宗浩，杨晓晨．公共体育服务概念及其理论分析［J］．天津体育学院学报，2007（02）：97-101．

［50］周爱光．从体育公共服务的概念审视政府的地位和作用［J］．体育科学，2012，32（05）：64-70．

［51］刘亮．我国体育公共服务的概念溯源与再认识［J］．体育学刊，2011，18（03）：34-40．

［52］石伟伟．政府购买体育公共服务行为的研究［D］．苏州：苏州大学，2015．

［53］范冬云．我国体育公共服务研究中几个问题的探讨［J］．成都体育学院学报，2010，36（02）：6-8，12．

［54］戴永冠，林伟红．公共体育服务概念、结构及人本思想［J］．武汉体育学院学报，2012，46（10）：5-10．

［55］世界银行《2007年世界发展指标》编写组．2007年世界发展指标［M］．王辉，等译．北京：中国财政经济出版社，2008．

［56］萨瓦斯．民营化与公私部门的伙伴关系［M］．周志忍，等译．北京：中国人民大学出版社，2002．

[57] 詹兴永. 政府购买公共体育服务的国际经验与我国推进路径[J]. 山东体育学院学报, 2015, 31 (01): 14-18.

[58] 李传军. 管理主义的终结: 服务型政府兴起的历史与逻辑[M]. 北京: 中国人民大学出版社, 2007.

[59] 陈振明. 竞争型政府: 市场机制与工商管理技术在公共部门管理中的应用[M]. 北京: 中国人民大学出版社, 2006.

[60] 杨欣. 公共服务外包中政府责任的省思与公法适用: 以美国为例[J]. 中国行政管理, 2010 (06): 19-23.

[61] 张成福. 责任政府论[J]. 中国人民大学学报, 2000 (02): 75-82.

[62] 薛裴. 公共物品供给的民营化研究[D]. 北京: 首都经济贸易大学, 2006.

[63] 谢叶寿. 政府向非营利组织购买公共体育服务研究[M]. 芜湖: 安徽师范大学出版社, 2017.

[64] 贺巧知. 政府购买公共服务研究[D]. 北京: 财政部财政科学研究所, 2014.

[65] 王春婷. 政府购买公共服务绩效与其影响因素的实证研究: 基于深圳市与南京市的调查分析[D]. 武汉: 华中师范大学, 2012.

[66] 戴俭慧, 高斌. 政府购买体育公共服务的行为分析[J]. 体育学刊, 2013, 20 (02): 35-38.

[67] 胡伟. 论我国政府购买公共体育服务制度的完善[J]. 体育与科学, 2016, 37 (01): 30-39.

[68] 莱恩. 新公共管理[M]. 赵成根, 等译. 北京: 中国青年出版社, 2004.

[69] 邰鹏峰. 政府购买公共服务的监管成效、困境与反思: 基于内地公共服务现状的实证研究[J]. 辽宁大学学报 (哲学社会科学版), 2013, 41 (01): 95-99.

[70] 李荣日, 刘宁宁. 体育公共产品服务外包: 风险识别、监管与规避[J]. 武汉体育学院学报, 2016, 50 (01): 36-43.

[71] 印道胜. 政府公共服务合同外包的监管问责机制研究: 以长沙市为例[D]. 南京: 南京理工大学, 2018.

[72] 高慧芳. 地方政府购买公共服务的责任问题研究 [D]. 呼和浩特：内蒙古大学，2018.

[73] 邓搴. 论政府在购买公共服务中的角色定位及其法律责任：以法律关系基本构造为分析框架 [J]. 行政法学研究，2018（06）：43-54.

[74] PANET P L, TREBILCOCK M J. Contracting-out social services [J]. Canadian Public Administration, 1998, 41 (01): 21-50.

[75] DEHOOG R H. Competition, negotiation, or cooperation: three models for service contracting [J]. Administration & Society, 1990, 22 (03): 317-340.

[76] 韩俊魁. 当前我国非政府组织参与政府购买服务的模式比较 [J]. 经济社会体制比较，2009（06）：128-134.

[77] 邓金霞. 公共服务外包之隐性进入壁垒研究：以上海市为例 [D]. 上海：复旦大学，2013.

[78] 朱毅然. 政府购买体育公共服务研究 [J]. 西安体育学院学报，2015，32（06）：641-646，674.

[79] 高奎亭，李勇勤，孙庆祝，等. 地方政府购买公共体育服务的经验、启示与选择 [J]. 首都体育学院学报，2018，30（02）：122-127.

[80] 萨瓦斯. 民营化与公私部门的伙伴关系：中文修订版 [M]. 周志忍，等译. 北京：中国人民大学出版社，2017.

[81] 句华. 公共服务中的市场机制：理论、方式与技术 [M]. 北京：北京大学出版社，2006.

[82] 王雁红. 公共服务合同外包：理论、实际运作与风险控制 [M]. 北京：清华大学出版社，2019.

[83] 内蒙古自治区政府采购中心. 内蒙古自治区体育局体育服务中标（成交）公告 [EB/OL].（2019-10-31）[2020-04-02]. http://www.nmgp.gov.cn/category/cggg? tb_id=3&p_id=114973.

[84] 黔东南州文体广电旅游局. 贵州省黔东南州国际长跑比赛承办服务项目 [EB/OL].（2017-10-18）[2020-04-02]. http://www.ccgp.gov.cn/gpsr/jyjl/201710/t20171018_9004252.htm.

[85] 北京市财政局. 民族民俗、传统体育运动经费体育组织服务采购项目成交公告 [EB/OL].（2019-04-04）[2020-04-02]. https://ggzyfw.beijing.gov.cn/jyxxzbjggg/20190404/867694.html.

[86] 邓金霞. 公共服务外包中是否存在隐性进入壁垒？[J]. 中国行政管理, 2016（05）：53-58.

[87] 冯维胜. 政府购买公共体育服务的第三方评估研究：以承接方的选择评估为例[D]. 上海：上海体育学院, 2018.

[88] 孙春霞. 现代美国城市公共服务供给机制研究：兼论其对我国城市公共服务供给机制改革的启示[D]. 武汉：华中师范大学, 2007.

[89] 史小强. 美国公共体育服务体系研究[D]. 上海：上海体育学院, 2014.

[90] 谢叶寿. 美国政府购买公共体育服务的经验与启示[J]. 南京体育学院学报（自然科学版）, 2017, 16（03）：6-11.

[91] 马德浩, 季浏. 英国、美国、俄罗斯公共体育服务的发展方式[J]. 体育学刊, 2016, 23（03）：66-72.

[92] 程丹. 中美大众体育管理形式的比较研究[D]. 长沙：湖南师范大学, 2015.

[93] 周兰君. 美国大众体育管理方式管窥[J]. 体育学刊, 2010, 17（09）：45-49.

[94] 罗荣荣. 美国地方政府公共服务外包决策研究：以制度分析和发展框架为视角[D]. 武汉：华中师范大学, 2014.

[95] 龚正伟, 肖焕禹, 盖洋. 美国体育政策的演进[J]. 上海体育学院学报, 2014, 38（01）：18-24.

[96] 尹维增, 张德利, 李诚刚, 等. 中美两国非政府组织供给公共体育服务的比较研究[J]. 首都体育学院学报, 2018, 30（06）：502-504, 514.

[97] 汤际澜. 英国公共服务改革和体育政策变迁[J]. 南京体育学院学报（社会科学版）, 2010, 24（02）：43-47.

[98] 谢叶寿, 阿英嘎. 英国政府购买公共体育服务的实践与启示[J]. 体育与科学, 2016, 37（02）：66-70.

[99] 姜熙. 从"强制性竞标"到"最佳价值"：英国政府公共体育服务政策发展、改革与启示[J]. 天津体育学院学报, 2014, 29（06）：478-483.

[100] 王占坤. 发达国家公共体育服务体系建设经验及对我国的启示[J]. 体育科学, 2017, 37（05）：32-47.

[101] Audit Commission. Realizing the benefits of competition: the client role for contracted services [M]. London: HMSO, 1993.

[102] 雷昆. 英国布莱尔政府公共服务改革模式分析 [J]. 经济社会体制比较, 2006 (06): 18-22.

[103] 王楠, 杨银付. 英国"开放公共服务"改革框架及启示: 以卡梅伦政府《开放公共服务白皮书》为主要分析对象 [J]. 中国行政管理, 2016 (03): 142-146.

[104] 王英峰. 英国体育管理组织体系研究 [D]. 北京: 北京体育大学, 2010.

[105] 郭培宇. 英国社区体育设施服务政府购买模式研究 [D]. 沈阳: 沈阳体育学院, 2018.

[106] Sport England. National governing body 2013/17 whole sport plan investment guidance [R/OL]. (2013-08-17) [2020-05-27]. https://assets.publishing.service.gov.uk/government/uploads/system/uploads/attachment_data/file/79233/NGB_2013_17_Whole_Sport_Plan_Investment_Guidance.pdf.

[107] 曹晶. 英国公共体育服务体系的运行机制研究 [D]. 成都: 成都体育学院, 2015.

[108] 刘宏亮, 刘红建, 沈晓莲, 等. 英国"体育的未来"新战略: 内容、评价及镜鉴 [J]. 沈阳体育学院学报, 2019, 38 (06): 33-41.

[109] ROBINSON L. Managing public sport and leisure services [M]. London: Routledge, 2003.

[110] 谢正阳, 汤际澜, 陈新, 等. 英国公共体育服务标准化评价模式发展历程、特征及启示 [J]. 体育与科学, 2018, 39 (06): 62-74.

[111] 唐绪明. 日本社会体育政策解读及对我国全民健身的启示 [J]. 南京体育学院学报 (社会科学版), 2017, 31 (01): 92-97.

[112] 陈伟. 日本独立行政法人制度研究 [D]. 重庆: 西南政法大学, 2013.

[113] 王天义, 杨斌. 日本政府和社会资本合作 (PPP) 研究 [M]. 北京: 清华大学出版社, 2018.

[114] 艾志祥. 日本《公共服务改革法》研究 [D]. 长沙: 中南大学, 2012.

[115] 罗平. 日本公共体育设施运营的指定管理者制度及启示 [J]. 上海体育学院学报, 2010, 34 (06): 22-26.

[116] 高军, 南尚杰, 李安娜. 日本公共体育设施指定管理者制度分析及启示: 基于政府职能转变的视角 [J]. 上海体育学院学报, 2016, 40 (06): 30-36.

[117] 俞祖成. 日本政府购买服务制度及启示 [J]. 国家行政学院学报, 2016 (01): 73-77.

[118] 韩丽荣, 盛金, 高瑜彬. 日本政府购买公共服务制度评析 [J]. 现代日本经济, 2013 (02): 15-21.

[119] 李长春. 我国公共体育服务多元主体协同供给研究 [D]. 北京: 北京体育大学, 2018.

[120] 南尚杰, 张斌, 郑楠, 等. 日本体育治理体系及启示 [J]. 体育学刊, 2019, 26 (04): 73-80.

[121] 邱燕. 公共体育服务供给论域下政府事权与财权分级配置研究 [D]. 厦门: 集美大学, 2015.

[122] 沈娟. 日本社会体育发展的特征、问题及对中国的启示 [J]. 南京体育学院学报 (社会科学版), 2016, 30 (06): 34-39.

[123] 范成文, 金育强, 钟丽萍, 等. 发达国家老年人体育服务社会支持体系及对我国的启示 [J]. 体育科学, 2019, 39 (04): 39-50.

[124] 王暐琦. 日本政府购买公共体育服务经验及启示 [J]. 喀什大学学报, 2017, 38 (03): 68-72, 93.

[125] 景俊杰, 肖焕禹. 二战后日本体育政策的历史变迁及借鉴建议 [J]. 体育与科学, 2013, 34 (02): 107-110.

[126] 景俊杰. 新世纪的日本体育政策运行 [M]. 上海: 中西书局, 2014.

[127] 骆亚卓. 合同治理与关系治理及其对建设项目绩效影响的实证研究 [D]. 广州: 暨南大学, 2011.

[128] 王琦. 基于利益相关者理论的企业社会责任实现机制研究 [D]. 哈尔滨: 哈尔滨工业大学, 2015.

[129] 赵元. 我国"政府合同治理"实施问题研究 [D]. 沈阳: 东北大学, 2010.

［130］于芙蓉. 政治契约视野中的责任政府构建［D］. 泉州：华侨大学，2011.

［131］张立立. 我国公共服务外包政府监管问责机制构建研究［D］. 成都：电子科技大学，2013.

［132］严明明. 公共服务供给模式的选择：基于公平与效率关系理论的阐释［J］. 齐鲁学刊，2011（04）：103-106.

后 记

公共体育服务合同外包是公共体育服务供给侧改革的重要手段，明确公共体育服务合同外包中政府责任及其实现机制是完善政府治理体系和推动政府治理能力现代化的重要着力点。在政府供给公共体育服务的过程中，合同外包是公共体育服务走向市场的最理想方式，能够实现最佳效果，但是与之并存的是对政府能力的高要求，对社会组织的高标准。目前，我国选择合同外包方式提供公共体育服务的实践相对较少且发展不完善。本书聚焦于公共体育服务合同外包中政府责任及其实现机制问题，理论联系实践，系统探讨了当前政府在公共体育服务合同外包中的责任及如何落实其责任的对策，以期帮助政府转换角色，推动社会主义现代化体育强国建设。

本书是在经过大量的理论研究和调研的基础上形成的，是团队成员精诚合作、辛勤劳动的见证，在此书成稿、出版之际，我谨以后记的方式对在书稿撰写和成果出版中给予帮助的领导表示衷心感谢。另外，我的研究生柳畅、牛瑞新等在研究过程中付出了艰辛的劳动，在此一并表示诚挚的谢意！

本书参考了众多学者的研究成果，并在调研过程中得到了江苏省、苏州市和常州市体育局等各调研单位相关管理人员的大力支持和热情帮助，经过团队成员的共同努力，研究得以顺利完成。当然，公共体育服务合同外包在我国还属于新生事物，团队的研究思路、视野难免与快速发展的现实存在差距，受研究水平所限，书中难免有不足之处，敬请读者批评指正！

李燕领

2020 年 10 月 6 日